EL HONOR

GW00871385

Cubierta:

*Detalle de la alfombra donde fueron
asesinados los cinco mártires palotinos.
Actualmente se ubica en el oratorio de
la parroquia San Patricio.*

92; 263.14 Seisdedos, Gabriel

SEI   El honor de Dios, 1ª ed. - Buenos Aires, San Pablo,
         1996.

         254 p.: 21x14 cm.

         ISBN 950-861-259-2

         I. Título - 1. Biografía de Religiosos

GABRIEL SEISDEDOS

EL HONOR DE DIOS

Mártires palotinos: la historia silenciada de un crimen impune

SAN PABLO

Distribuyen:

SAN PABLO

- Riobamba 230, 1025 BUENOS AIRES, Argentina. Teléfonos (01) 953-2421/2643/2691/2726. Fax (01) 953-2737.

PAULINAS

- Larrea 50, 1030 BUENOS AIRES, Argentina. Teléfono (01) 951-7996. Teléfax (01) 952-5924.

Diseño de tapa: Pablo Pérez
Foto de tapa: Mónica Fessel
Fotos interiores: Archivo de la parroquia San Patricio.
                 Eduardo Gabriel Kimel.

Con las debidas licencias / Queda hecho el depósito que ordena la ley 11.723 / © **SAN PABLO**, Riobamba 230, 1025 BUENOS AIRES, Argentina / Impreso en la Argentina en el mes de junio de 1996 / Industria argentina.

I.S.B.N. 950-861-259-2

A Dickie Kelly.

Al padre palotino Kevin O'Neill,
que siguió esperando.

A quienes siguieron creyendo en los Cinco.

A los que quieran conocer esta historia.

Guárdate y guarda tu alma con diligencia, para que no te olvides de las cosas que tus ojos han visto, ni se aparten de tu corazón todos los días de tu vida; antes bien, las enseñarás a tus hijos y a los hijos de tus hijos.

Deuteronomio 4,9.

El rey Luis (sorprendido): —¿Os agrada el martirio?
Me decepcionáis: me parecisteis un hombre sano.

Becket: —¿Sería sano salir a mendigar por los caminos de Europa un lugar disputado al miedo donde mi esqueleto pudiera estar seguro? Y además, ¿dónde estaría seguro mi esqueleto?... Soy arzobispo primado de Inglaterra. Es una inscripción demasiado visible sobre mis espaldas. El honor de Dios y la razón coinciden por una vez, y disponen que en lugar de ponerme a merced de una cuchillada anónima en cualquier camino, me deje matar. Sí, debo dejarme matar coronado con la mitra, vestido con mi capa dorada y con la cruz de plata en la mano, en medio de mis ovejas, en la iglesia primada. Sólo ese es un lugar decente para mí.

Jean Anouilh, *Becket, o el honor de Dios.*

Introducción

Las páginas que suceden a éstas son el fruto de dos años de investigación acerca de la masacre de tres sacerdotes y dos seminaristas en la parroquia palotina de San Patricio, en el barrio de Belgrano, la mayor tragedia de la Iglesia Católica en Argentina. Una historia por muchos silenciada, ensombrecida por prejuicios e intereses.

La investigación que dio origen a este libro comienza con la idea de realizar un testimonio fílmico sobre esta tragedia. Más de ciento cincuenta personas entrevistadas con un promedio de siete encuentros con cada una: familiares, amigos, religiosos, represores, ex montoneros.

Amenazas de muerte, estímulos, presiones, marchas y contramarchas, ánimo y desaliento desde esa noche de mayo de 1994 en que el P. Thomas O'Donnell, delegado de la provincia palotina irlandesa, dijo: "Sería bueno contar la historia, ¿no?".

Para alguien que escribe su primer libro, la arrogancia no es buena compañera. Esta historia estaba destinada a ser mi exclusiva versión de la tragedia, algo difícil cuando ya se ha escrito otra obra sobre el mismo tema (me refiero a *La masacre de San Patricio* de Eduardo Gabriel Kimel, una versión objetiva y respetuosa de los hechos). Así que desde el principio tuve dos imperativos: lograr que este libro conservara su propia identidad y crear una obra que evitara los superlativos, la leyenda piadosa, la creación de un mito. Un libro donde los personajes no tomaran la dirección del mismo desplazando al autor. Un libro cuyo centro sería el horror de lo ocurrido la madrugada del 4 de julio de 1976. Un libro sobre la muerte.

Afortunadamente, desde el primer encuentro con los diarios personales del padre Alfredo Kelly tuve la certeza de que debía callar cuando los personajes pudiesen hablar con voz propia. Tuve la certeza de que éste sería un libro sobre la vida.

La historia
que envuelve una historia.

La historia política argentina desde 1930 hasta 1983 es un rosario de atropellos y frustraciones. Sólo se puede entender el "baño de sangre" de los años '70, uno de cuyos capítulos terribles es el asesinato de la comunidad religiosa de San Patricio, si se tienen en cuenta las energías sociales reprimidas y violentadas durante casi medio siglo.

En ese período se definieron algunos actores del drama: las fuerzas armadas, inaugurando, al derrocar al presidente Hipólito Yrigoyen en septiembre de 1930, una larga tradición de mesianismo autoritario y violento que duraría hasta entrados los años '80, golpes de estado, fusilamientos, proscripciones y persecuciones mediante; los sectores populares, secularmente aplastados por un sistema político y económico ajeno a sus necesidades e intereses, que en este período entran de lleno a la arena política a través del peronismo; y el mismo Perón, signo de contradicción hasta el día de hoy para los argentinos, dictador fascista, reivindicador de los humildes, líder revolucionario, hábil político y manipulador, creador de una doctrina social, hombre y mito, amado y execrado.

Otros dos personajes recorren en esos años una sorprendente parábo-la: la juventud y la Iglesia. Esta última, colaboradora en la caída de Perón en septiembre de 1955 y la consiguiente instauración del régimen militar de la Revolución "Libertadora" o "Fusiladora", según el punto de vista. Y luego, desde 1966 en adelante, marchando codo a codo, a través de algunos de los grupos que conformaban su complicada interna, con las fuerzas más progresistas y revolucionarias de la sociedad argentina, luchando por el regreso de Perón y la construcción del "Socialismo Nacional".

Y la juventud, agitada y enfervorizada, descubriendo la esperanza de una sociedad más justa, comprometiéndose masivamente, desde la segunda mitad de la década del '60, con el cambio social a través de distintas opciones sociales, políticas, culturales, religiosas. Y también violentas.

En los años que nos ocupan, la violencia, que sólo engendra más violencia, fue vista por muchos jóvenes más bien como partera de la paz y la justicia. Así se abrieron las puertas a las peores pesadillas que hemos conocido. Se rompieron los sellos que mantenían a raya a los demonios de la tortura, el desprecio, la impunidad, el crimen, la destrucción física, psíquica y moral de hombres y mujeres, jóvenes, adultos y niños. Demonios que tienen nombres y apellidos, muchos de los cuales aparecerán en estas páginas.

A lo largo de estos primeros capítulos veremos a esos personajes y esas actitudes jugando su papel dramático en aquellos años de nuestra historia, todavía frescos en la memoria y el dolor.

Y toda esta historia nos permitirá entender un poco más lo que pasó en esa otra historia, más pequeña pero igualmente terrible. La historia de cinco hombres en un barrio de Buenos Aires, una historia de vida y muerte. Un capítulo en la espiral de violencia, una herida para no olvidar ni minimizar, una afrenta más al honor de Dios y de los hombres y mujeres de esta tierra.

Capítulo I

Palotinos[1]

El 22 de enero de 1850 moría en Roma el sacerdote Vicente Pallotti. Había nacido en esa misma ciudad el 21 de abril de 1795, en el hogar de un matrimonio del que nacieron 10 hijos, de los cuales sólo sobrevivirían cinco. Orientado desde pequeño en la fe católica, a los quince años tomó la decisión de ingresar al clero secular. Recibió la ordenación sacerdotal el 16 de mayo de 1818.

Su primer trabajo, después de obtener el título de doctor en filosofía y teología, fue como docente en la Universidad de Roma, donde durante diez años formó futuros sacerdotes. En los años siguientes, ejerció su apostolado entre los pobres. Pero Pallotti sentía que se le debía dar un nuevo impulso a la tarea apostólica. A principios de enero de 1835, luego de largas horas de retiro, meditación y oración, tomó una decisión: propagar la fe entre los no católicos y reavivarla y aumentarla en los ya bautizados. Así nacieron la Unión del Apostolado Católico y, poco después, la Sociedad del Apostolado Católico, integrada por sacerdotes y hermanos. La necesidad de poner personas idóneas al frente de instituciones relacionadas con el auxilio de jóvenes sin hogar lo llevó a fundar la Congregación del Apostolado Católico de Mujeres, de donde habrían de surgir las Hermanas del Apostolado Católico y las Hermanas Misioneras del Apostolado Católico.

Después de años de lucha, motivada por la incomprensión de su obra por parte de sectores de la misma Iglesia, que llegaron a lograr un decreto de la Santa Sede ordenando la supresión de la Unión; el padre Pallotti se instaló en la pequeña iglesia romana de Salvatore in Onda, cedida por el Papa Pío IX.

[1] El presente capítulo se basa principalmente en *Apuntes históricos palotinos* de Kevin O'Neill, sacerdote de la S.A.C. Editora Pallotti.

La segunda casa de la Sociedad fue abierta en Londres; allí se asistió a distintos grupos de inmigrantes italianos, alemanes, polacos e irlandeses, entre otros. Poco después de la muerte de Pallotti, se fundó en Inglaterra el segundo noviciado, del cual saldrían los sacerdotes que extendieron la tarea de la Sociedad por América, Australia, Africa y otros países de Europa. Entre los primeros seminaristas había italianos, ingleses, polacos e irlandeses. Décadas después surgirían distintas fundaciones en sus países de origen.

El padre Whitmee, proveniente de Inglaterra, llegó a América del Sur en marzo de 1885, realizando así el primer viaje fundacional. En los años siguientes se crearon las comunidades de Brasil, Uruguay, Argentina y Chile.

Desde antes de la Independencia, habían arribado a nuestro país inmigrantes provenientes de Irlanda. Estos grupos fueron creciendo a medida que la dominación británica se hacía más y más opresiva y las penurias económicas tornaban la situación insostenible. La mayoría de ellos se fue afincando en la zona bonaerense, donde desempeñaron tareas agrícola-ganaderas. La necesidad de religiosos de habla inglesa hizo propicia la instalación de la primera comunidad palotina en la zona de Mercedes.

Esta localidad, junto con San Antonio de Areco, Rawson y Suipacha, sería testigo de los desvelos de los primeros sacerdotes provenientes de la provincia irlandesa, como también de la tarea docente realizada en los colegios de San Patricio y el instituto Fahy de Moreno, aquel del que nos habla Rodolfo Walsh en sus *Cuentos Irlandeses*.

En 1925, la obra palotina se vio enriquecida con la llegada a la Argentina de la rama alemana y el establecimiento de la delegación de la provincia de Limburgo.

Belgrano, un barrio donde construyeron sus casas muchos de los llamados "ingleses del ferrocarril", entre los cuales había escoceses, ingleses, irlandeses y norteamericanos, era otro de los lugares donde se reclamaba la presencia palotina. En 1930 se inauguró el templo provisorio en Estomba y Echeverría, y por decisión de la autoridad eclesiástica se le dio a la parroquia el nombre de San Patricio, para honrar así al apóstol que convirtió Irlanda a la fe cristiana entre los años 432 y 462.

El surgimiento de vocaciones palotinas locales llevó a la fundación de un seminario en Rawson, provincia de Buenos Aires, que luego pasaría a Suipacha dirigido por el Padre Juan Santos Gaynor.

En Europa, mientras tanto, estallaba la Segunda Guerra Mundial. El nazismo cerró algunas de las casas palotinas; algunos sacerdotes de la congregación fueron encarcelados y otros confinados en campos de concentración. En Alemania, el padre Francisco Reinich, austríaco de 39 años, fue decapitado en la cárcel de Brandenburgo por negarse al juramento de fidelidad al nazismo y a su Führer. Irlanda quedó aislada del resto de sus fundaciones hasta el fin del conflicto.

Las parroquias de Belgrano y Castelar iban creciendo, esta última de la mano del padre Pedro Dufau. El recientemente ordenado Alfredo Leaden era el rector del colegio de Mercedes y, en Rawson, un adolescente de nombre Alfredo José Kelly definía su vocación sacerdotal.

Desde Irlanda seguían llegando nuevos sacerdotes. La provincia de Limburgo también enviaba los suyos. Y en todos los países donde se encontraban instaladas, las fundaciones palotinas crecían sin prisa pero sin pausa. La fuerza de sus miembros se veía inspirada sin duda en las últimas palabras de Vicente Pallotti, quien había asegurado la supervivencia de la Sociedad y recordado a sus miembros que cada uno debía considerarse un fundador.

El 22 de enero de 1950, Pallotti fue beatificado y finalmente, el 23 de enero de 1963, durante el Concilio Vaticano II, el Papa Juan XXIII lo declaró santo.

En la Argentina, durante los últimos meses del segundo gobierno peronista, los sacerdotes palotinos de Mercedes fueron encarcelados por un breve lapso. Los coletazos de la persecución llegaron también a Rawson dónde la casa parroquial fue rodeada por partidarios de Perón. Luego de este período de turbulencia, la calma renació y sólo el escaso número de vocaciones despertó en los miembros de la delegación de la provincia irlandesa alguna preocupación. La última consagración sacerdotal había sido la de Alfredo Kelly, en 1957.

A comienzos de los años sesenta, los nuevos aires del concilio Vaticano II atravesaban la comunidad y Medellín dejaba de ser sólo el nombre de una ciudad de Colombia para adquirir un nuevo significado.

A fines de la década, las innumerables conversaciones y reuniones de las ramas alemana e irlandesa fructificarían en el seminario conjunto que se iniciaría en San Antonio de Areco en el otoño de 1970. Los Padres Alfredo Kelly, Alfredo Leaden y Kevin O'Neill iniciaban la experiencia con diez jóvenes.

Capítulo II

Un mundo en transformación

La segunda mitad del siglo XX trajo aparejados profundos cambios en todo el mundo. La cartografía debía reflejar lo más rápidamente posible los cambios de fronteras y la aparición de nuevas naciones. La vieja Europa cedía su lugar de "faro del mundo" a los Estados Unidos, y éstos y la Unión de Repúblicas Socialistas Soviéticas (U.R.S.S.) proseguían la "guerra fría" nacida de la Conferencia de Yalta; donde estos dos países sumados a Gran Bretaña habían decidido el destino de la Europa de postguerra. El plan Marshall ayudaba a levantar un continente destrozado por la Segunda Guerra Mundial y la prosperidad americana se veía reflejada desde las pantallas cinematográficas y los primeros tiempos de la carrera espacial. La persecución a sectores progresistas acusándolos de comunistas a cargo del senador Mac Carthy y la represión de los activistas por los derechos de los negros formaban parte del "American Style" de esos años.

Mientras tanto, en la U.R.S.S., Stalin primero y sus sucesores después se dedicaban a un viejo deporte de los jerarcas soviéticos: las purgas políticas que llevaban a Siberia o a la muerte a quienes se les opusieran.

Parte de los países tras la Cortina de Hierro iniciaban su lucha por sacudir el yugo del Soviet. Hungría era reprimida violentamente y el escarmiento servía, al menos por un tiempo, de advertencia a Polonia y Checoslovaquia, dos naciones aisladas ante la indiferencia de Occidente. Como dos siglos atrás "la paz reinaba en Varsovia".

España seguía regida por la mano férrea del Generalísimo Francisco Franco. Alemania, dividida en cuatro zonas después de la guerra, veía pasar desde la zona oriental a miles de alemanes rumbo a la occidental. Un año después de iniciada la década del sesenta, el Muro de Berlín sería la "solución" al problema. Francia, en lucha contra el pueblo argelino, intentaba con métodos *non sanctos* detener la lucha independentista. "Libertad, igualdad, fraternidad", pero sólo en casa.

En Africa, la supuesta superioridad de la raza blanca ya no convencía a nadie, y los africanos clamaban con la voz cargada de furia: ¡europeos, fuera de Africa!, dando paso a sangrientas luchas. La imposibilidad de mantener las colonias europeas llevó al viejo continente a ceder sus posesiones, y en poco tiempo se multiplicaron microestados que intentarían sobrevivir con sus paupérrimas economías.

En Medio Oriente, la tenaz lucha entre el pequeño estado de Israel y los países árabes seguía su curso.

Japón se veía obligado a abrirse al mercado, derrota mediante.

China y Mao continuaban su luna de miel, al menos fronteras para afuera.

En Latinoamérica, Fidel Castro y el argentino Ernesto Guevara, el "Che", encabezaban la revolución socialista en Cuba. Estados Unidos, alarmado por la presencia de la Unión Soviética a tan pocos kilómetros de sus costas a través de material y apoyo técnico a la isla, protagonizaba la "Crisis de los misiles". Mientras tanto, en el resto de América se pasaba alternativamente de dictaduras a experiencias democráticas.

Nuevos aires europeos

La centenaria universidad de la Sorbona era testigo en la primavera parisina de 1968 de la rebelión del estudiantado. Los jóvenes lectores de Jean Paul Sartre, Simone de Beauvoir y Herbert Marcuse organizaron en mayo un movimiento de protesta estudiantil que se había originado en la universidad de Nanterre con el fin de oponerse al sistema de evaluación y exámenes en el año de 1967. Multitudes de jóvenes lanzaban consignas que luego darían la vuelta al mundo: "Liberad la expresión", "Imaginación al poder", "Sea sensato, pida lo imposible". La universidad cerró sus puertas. La situación se vio agravada al agregarse planteos que iban desde la permisividad en el consumo de drogas hasta reivindicaciones sindicales. Francia entera, convulsionada, observaba al viejo general De Gaulle negociar con los sindicatos hasta aislar a los estudiantes que habían manifestado su repulsa por el conformismo de la sociedad. El

"Che" y Mao presidían las marchas desde las pancartas fotográficas. Antes de terminar 1968, la situación fue controlada en su totalidad. El filósofo germano-norteamericano Herbert Marcuse respondía a la pregunta de un periodista sobre los verdaderos temas de fondo de la rebelión juvenil de este modo: "Es al mismo tiempo una rebelión moral, política y sexual. Una rebelión total. Su origen está en lo profundo del individuo. Estos jóvenes no creen en los valores de un sistema que trata de uniformar y absorber todo. Para vivir una existencia gobernada por los instintos vitales finalmente liberados, los jóvenes están dispuestos a sacrificar muchos beneficios materiales. Estos jóvenes rebeldes personifican ya al nuevo tipo de hombre, al nuevo Adán".

Algo había cambiado. Los jóvenes querían ser protagonistas y no estaban dispuestos a volver a la retaguardia.

Rumbo a los '70

En Estados Unidos el Dr. Martín Luther King cumplía su sueño: los negros comenzaban a ejercer sus derechos civiles. Pero el precio que él debió pagar por ello fue el de su propia vida. El mismo año de su asesinato, también caía acribillado el candidato demócrata a la presidencia, el senador Robert Kennedy, un lustro después que su hermano John. Bajo el gobierno de Nixon, el hombre llegaba a la luna y los soviéticos perdían definitivamente la delantera en la carrera espacial. La humanidad incrédula miraba por televisión la caminata de los astronautas por la superficie selenita.

Los jóvenes norteamericanos, al igual que sus pares franceses eran protagonistas y difusores de una profunda contestación cultural. Como *hippies*, trataban de mostrar pacíficamente, entre cigarrillos de marihuana y artesanías, los beneficios del *flower-power*. También críticamente, se oponían a la participación norteamericana en Vietnam y al desarrollo del armamentismo nuclear, ellos mismos parte de esa generación sacrificada en el sur asiático, un campo de batalla donde los Estados Unidos dejaban, al retirarse, miles de vietnamitas masacrados en un conflicto inútilmente prolongado por años.

La Unión Soviética "exportaba" pequeños grupos de disidentes que contaban al mundo occidental las desventajas que implicaban para el pueblo los regímenes totalitarios.

Praga había vivido una efímera primavera ahogada por la represión de los tanques rojos en forma rápida y contundente. Inglaterra cada día más debilitada por la pérdida de sus colonias, intentaba encontrar la solución alternando gobiernos laboristas y conservadores y aferrando con fuerza renovada a Irlanda del Norte a pesar de los ataques del Ejército Republicano Irlandés (I.R.A.).

Enfermo, De Gaulle se retiraba a la campiña para morir, Pompidou y Giscard D'Estaing, sus sucesores, gobernaban Francia que se convertía en el blanco del terrorismo de Medio Oriente que declaraba así la extensión de la Guerra Santa. Mientras tanto, los traficantes de armas hacían el gran negocio con el eterno conflicto árabe-israelí.

Africa era noticia por sus matanzas tribales, un derecho que se habían ganado con la emancipación, el de matarse entre ellos sin que lo hicieran los civilizados colonos europeos.

El mundo occidental y cristiano seguía indiferente ante los niños de vientres inflados víctimas de las hambrunas. Problemas del Tercer Mundo.

América se expresaba con juvenil violencia. Cuba continuaba jaqueada por los Estados Unidos y, provista por la U.R.S.S., el para muchos más lejano satélite soviético ayudaba a la vez a la concreción de la revolución en el resto de Hispanoamérica.

El "Che" Guevara, con un reducido grupo de compañeros, integraba el Ejército de Liberación Nacional, foco insurreccional que habría de ser cercado por tropas del ejército boliviano que en octubre de 1967 terminaron con la vida de Guevara y dieron inicio a la leyenda.

En septiembre de 1970, Salvador Allende Gossens era electo presidente de Chile después de conseguir la primera minoría con la coalición de izquierda denominada Unidad Popular. Su política de expropiación de latifundios, yacimientos y empresas de capitales norteamericanos habría de desencadenar un bloqueo económico que acrecentó el clima de oposición proveniente de las poderosas y hostiles Fuerzas Armadas Chilenas.

En marzo de 1973, las elecciones parlamentarias daban una vez más el triunfo a la Unidad Popular. Pero la conspiración estaba en marcha y se dejaba ver a través de huelgas y acaparamiento de artículos de primera necesidad que originaba el desabastecimiento y fomentaba el descontento. En septiembre, el presidente Allende moría en el asalto al palacio de la Moneda, al intentar resistir a los militares insurrectos encabezados por el general Augusto Pinochet, comandante del ejército, cuyos primeros años de gobierno dejarían como saldo miles de muertos, desaparecidos y exiliados, preanuncio de otras sangrientas intervenciones militares en América del Sur.

1976

Si la década del setenta es recordada por su turbulencia, el año de 1976 no fue la excepción. En España, con la muerte del Generalísimo Franco, "Caudillo por la Gracia de Dios", los españoles se liberaban de la mordaza impuesta y de la mano de un Borbón, paradójicamente, iniciaban su etapa democrática. En Europa crecía la conciencia ecológica, en gran medida debido al temor generado por la tragedia de Seveso, un pueblo italiano en el que la explosión de una empresa química liberó la nube de gas tóxico que haría célebre su nombre. A pesar de todo, Francia seguía con sus experimentos nucleares en el Pacífico.

La Unión Soviética seguía en manos de la gerontocracia, Leonid Breznev era su máximo exponente. En Canadá estaba todo dispuesto para la realización de la Olimpíadas de Montreal. Estados Unidos se despedía de Gerald Ford, sucesor de Nixon después del escándalo de Watergate, y le daba la bienvenida al candidato demócrata James Earl Carter, un sureño casi desconocido.

En América, Bolivia era noticia por sus sucesivos golpes de estado, un récord aun para esta parte del globo. Stroessner continuaba la perpetuación en el poder de Paraguay. Pinochet en Chile seguía provocando la salida de miles de compatriotas y la llegada de inversiones extranjeras. Uruguay, golpe de estado mediante, dejaba de ser el ejemplo de democracia en América Latina.

El Líbano seguía siendo acosado por la guerra civil. En Africa, la influencia soviética a través de Angola era cada vez mayor. Sudáfrica y el *apartheid* eran sinónimos, y los disturbios raciales se tornaban cada día más sangrientos. Pero sería Uganda la que con la siniestra dictadura de Idi Amín Dada ocuparía grandes espacios en la prensa internacional, al ser elegida como lugar de aterrizaje del avión de Air France secuestrado por un comando terrorista a fines de junio de 1976. El hasta ese momento ignoto aeropuerto de Entebe llegaría a la primera plana de los diarios de todo el mundo, cuando el domingo 4 de julio un operativo relámpago a cargo de Israel puso fin a la angustiosa situación de los setenta y ocho rehenes.

La gran noticia relegaría a páginas interiores a otra procedente de Argentina: la masacre de una comunidad religiosa del barrio de Belgrano.

Capítulo III

¿Quién como tú?

"Señor, ¿quién como tú que defiendes al débil del poderoso?
Salmo 34.

La Iglesia

A la muerte de Pío XII, Juan XXIII es elegido papa en octubre de 1958. Su propósito de acercar la Iglesia a los hombres se hace evidente a través de las encíclicas *Mater et Magistra*, de carácter eminentemente social, y *Pacem in Terris*, que se dio a conocer en medio de un clima de tensión internacional provocada por la crisis en las relaciones Este - Oeste que caracterizaron el llamado mundo bipolar. Esta encíclica aborda temas como la participación activa de los católicos en la vida pública, la cooperación con los no-católicos y un gradual mejoramiento de las condiciones humanas. Bajo este signo inicia la Iglesia la década del sesenta, a la que las Naciones Unidas habían proclamado como la "década del desarrollo". El concilio Vaticano II sería en parte reflejo fiel del optimismo y las ilusiones que caracterizan estos años.

El 1º de octubre de 1962, luego de meses de intensa preparación, se inaugura el primero de los cuatro períodos de reuniones en los que habría de desarrollarse el concilio Vaticano II. Convocado por Juan XXIII, y con la presencia de miles de religiosos y observadores de distintos cultos, su objetivo será "promover el incremento de la fe católica y una saludable renovación de las costumbres del pueblo cristiano y adaptar la disciplina eclesiástica a las condiciones de nuestro tiempo" (*Ad Petri Cathedram*, 29/6/59). El *aggiornamento* no será completado por el "Papa bueno", que muere en 1963 durante uno de los recesos conciliares.

La fumata blanca que se eleva al cielo vaticano anuncia un nuevo papa, el cardenal Giovanni Montini, que ejercerá su pontificado con el nombre de Pablo VI. Al iniciar en septiembre de 1965 la última etapa del Concilio, el papa lo define como un triple acto de amor hacia Dios, hacia la Iglesia y hacia el Mundo. Cuando finalice el Concilio en diciembre del mismo año, la Iglesia ya no será la misma en su relación con el mundo.

Entre las principales modificaciones se encuentran el rito de la misa y el empleo de la lengua vernácula. Desde ahora en adelante, el canto gregoriano y el latín quedarán recluidos en los monasterios. Especial importancia tiene el decreto sobre el ecumenismo, que movilizó profundamente conceptos acerca de las relaciones con otras denominaciones cristianas: el término de "hermanos separados" reemplazará en la liturgia al de "herejes y cismáticos". Finalmente, la declaración sobre las relaciones de la Iglesia con las religiones "no cristianas" inicia el acercamiento hacia quienes hasta hacía poco eran considerados enemigos ancestrales.

En la "Constitución Pastoral sobre la Iglesia en el mundo actual" *(Gaudium et Spes)*, se toma conciencia del cambio en el orden social y cultural, del desequilibrio del mundo moderno, de la crisis y problemática del hombre de hoy. Los padres conciliares propician una pastoral en la que se integre con nueva sensibilidad todo lo concerniente al hombre en su dimensión social, política y económica. El *Decreto sobre el Apostolado* regla, sintetiza y revitaliza el papel de los laicos en la Iglesia, instándolos a un mayor compromiso y participación en el ejercicio del apostolado, después de siglos de ser meros espectadores.

Un mayor compromiso y el constante peregrinar por el mundo son las características del papado de Paulo VI.

Populorum Progressio

Siguiendo el camino de la doctrina social pontificia iniciada en 1891 con la encíclica *Rerum Novarum* de León XIII, el 28 de marzo de 1967 aparece *Populorum Progressio*, un documento sobre la grave situación que afectaba a los países más pobres y en el cual se hace un llamado urgente a la acción, al desarrollo solidario de la humanidad y a estar atentos contra los peligros de la deshumanización de la economía como un fin total y no como un medio.

Termina el documento con una dramática exhortación a la acción inmediata que sintetiza de la siguiente forma : "Sí. Nos os invitamos a todos para que respondáis a nuestro grito de angustia en el nombre del Señor". La Iglesia seguía viviendo así una especie de Concilio permanente. Finalizando los sesenta, todo debía discutirse, revisarse. Tanto los jóvenes como una gran parte de los religiosos y laicos querían participar de las decisiones. A pesar de los críticas y resistencias que el Concilio despertó en los conservadores, las ventanas abiertas por Juan XXIII ya no se cerrarían.

Ávidos de asumir y concientizar lo que para muchos había sido un tardío compromiso de la Iglesia con los problemas de los países subdesarrollados, dieciocho obispos conmocionan el ámbito católico con el *Mensaje de los Obispos del Tercer Mundo*, en agosto de 1967. En el inicio del manifiesto, declaraban que "como obispos de algunos de los pueblos que se esfuerzan y luchan por su desarrollo, nosotros unimos nuestra voz al llamado angustioso del papa Pablo VI en la encíclica *Populorum Progressio* con el fin de precisar sus deberes a nuestros sacerdotes y fieles para dirigir a nuestros hermanos del Tercer Mundo algunas palabras de aliento".

Desde el primer punto, el manifiesto expresaba su deseo de profundizar, de querer ir más allá de lo que el Vaticano dictaba, de *aggiornar* lo *aggiornado*, de adaptar, en fin, los aires conciliares para una mejor respuesta a los problemas del llamado Tercer Mundo. Muchos vieron en esa actitud de dieciocho obispos provenientes de lugares tan diversos como Brasil, Oceanía, Yugoslavia, Laos y Líbano, el fin de la problemática relación Iglesia - Estado que desde Constantino a la fecha había contribuido a desvirtuar el mensaje evangélico. Como sea, para las corrientes progresistas que habían comenzado a ver legitimados sus reclamos a partir del Concilio, el documento firmado por obispos como el de Recife, Helder Camara, era el esperado paso del Rubicón.

Medellín

En 1968, Pablo VI convoca en Medellín, Colombia, a la segunda asamblea general del episcopado latinoamericano estableciendo como tema del encuentro la transformación que sufría la Iglesia en América

27

Latina a la luz del Concilio. La conferencia se desarrolla entre el 26 de agosto y el 7 de septiembre.

En Medellín, los obispos declaran que "la carencia de una conciencia para dirigir a nuestros hermanos del Tercer Mundo algunas palabras de aliento, la carencia de una conciencia política en nuestros países, hace imprescindible la acción educadora de la Iglesia, con objeto de que los cristianos consideren su participación en la vida política de la nación como un deber de conciencia".

Preocupados por actualizar el mensaje del Concilio en un continente mayoritariamente católico y en donde las injusticias hacían prever el surgimiento de movimientos guerrilleros provenientes de las distintas corrientes marxistas, los obispos latinoamericanos reunidos en Medellín fijan líneas pastorales comprometidas con la realidad de América: "Despertar en los hombres y en los pueblos, principalmente con los medios de comunicación, una viva conciencia de justicia, infundiéndole, un sentido dinámico de responsabilidad y solidaridad...".

"Defender según el mandato evangélico los derechos de los pobres y oprimidos, urgiendo a nuestros gobiernos y clases dirigentes para que eliminen todo cuanto destruya la paz social: injusticia, inercia, venalidad, insensibilidad".

"Denunciar enérgicamente los abusos y las injustas consecuencias de las desigualdades excesivas entre ricos y pobres, entre poderosos y débiles, favoreciendo la integración".

"Hacer que nuestra predicación, catequesis y liturgia tengan en cuenta la dimensión social y una comunicación del cristianismo formando hombres comprometidos en la construcción de un mundo de paz".

Acerca de la violencia, el documento "Paz" era claro, tomando como base la situación de injusticia social : "...No debe pues extrañar que nazca en América Latina la tentación de la violencia, no hay que abusar de la violencia, no hay que abusar de la paciencia de un pueblo que soporta durante años una condición que difícilmente aceptarían quienes tienen una mayor conciencia de los derechos humanos".

Poco después, el presidente del Celam (Consejo episcopal latinoamericano), monseñor Avelar Brandao, advierte que "la encíclica no puede, no debe estimular movimientos que se transformen en violencia, en revolución armada para resolver los problemas latinoamericanos".

La Iglesia en Argentina

El *aggiornamento* de la Iglesia fue recibido en todo el mundo con júbilo por las corrientes progresistas que trabajaban silenciosamente. El Concilio no se debió a un capricho del Sumo Pontífice, sino que había respondido a reclamos de muchísimos cristianos a lo largo y a lo ancho del mundo. Dos sectores de la Iglesia posconciliar se destacaron claramente en la Argentina de esos años: los curas obreros y los sacerdotes para el Tercer Mundo.

Los curas obreros

En la Francia ocupada por los nazis un tren partía hacia el todopoderoso Tercer Reich. Adentro iban centenares de obreros apiñados en los vagones de carga, entre ellos un joven jesuita, el padre Henri Perrin, quien en forma voluntaria se había infiltrado entre esos hombres movilizados por el Servicio de trabajo obligatorio (STO) que los enviaba al país invasor para realizar trabajos forzados.

Perrin y sus compañeros asistieron espiritualmente a los prisioneros durante el penoso viaje. Al llegar a destino fueron descubiertos, encarcelados y enviados otra vez a Francia, pero la experiencia vivida en medio de los trabajadores le había señalado el camino a seguir: "El contacto con esos millares de hombres, el haberme acercado a la realidad de sus vidas, deja una angustia en el corazón que nada puede calmar. Vuelvo a encontrarlos todos los días en esas multitudes que invaden las tiendas, los trenes, multitudes de las que me siento tan cerca, pero para los que sin embargo he vuelto a ser un extraño"[2].

Perrin y otros de sus compañeros jesuitas compartían la misma inquietud: no solo ayudar a hacer, sino actuar directamente sobre el terreno, sumergirse en el mundo obrero viviendo en él sin defensas, ni privilegios de ninguna clase. Décadas después de esos precursores

[2] *Itinéraire d'Henri Perrin*. 1958.

surgidos en Francia en el seno de la Compañía de Jesús, nacieron en otros países movimientos con similar orientación.

Argentina contaba desde principios de siglo con grupos de obreros católicos y con sacerdotes que desarrollaban su apostolado en barriadas obreras. El padre Federico Grotte y monseñor Miguel De Andrea se hallan entre los primeros que intentaron el acercamiento.

Mientras que en Europa se había producido una inevitable alianza con el marxismo que reinaba en los sindicatos europeos, en Argentina la progresiva relación del movimiento de sacerdotes obreros se daría con el peronismo. Gran parte de los sectores que apoyaban a las Ligas Agrarias serán quienes se pongan a la cabeza de esta relación que después desarrollarían los Sacerdotes para el Tercer Mundo.

Sacerdotes para el Tercer Mundo

Hacia fines de 1967, el obispo de Goya, Corrientes, monseñor Antonio Devoto, comparte con otros sacerdotes y obispos la versión francesa de la declaración de los dieciocho obispos, la que poco después sería traducida y distribuida por ellos mismos entre el clero. Consiguen así reunir doscientas setenta firmas en el documento de adhesión que envían al obispo brasilero Helder Camara en enero de 1969. En el transcurso de los meses siguientes, delegados del grupo recorrieron el país con el fin de promover la creación de un grupo que desarrollara las ideas de los dieciocho obispos.

En los primeros días de marzo se constituye en Córdoba y a nivel nacional el Movimiento de Sacerdotes para el Tercer Mundo (M.S.T.M.). La desconfianza de ciertos miembros del clero y de los integrantes del gobierno de facto del general Onganía, que los calificaban de marxistas o de "cáncer que corroe la Iglesia", será una constante.

Hacia fin de año seguían llegando adhesiones de todo el país al movimiento presidido por el secretario general, presbítero Miguel Ramondetti. Resistidos por gran parte del obispado argentino, contaron con el valioso apoyo en mayor o menor medida de los obispos Brasca, Devoto, Primatesta y Podestá.

El trabajo y la asistencia espiritual en las villas de emergencia y otros ambientes marginados sería una característica del MSTM. La organización de cooperativas y de servicios de salud fue una experiencia en la que colaboraron miles de jóvenes liderados por sacerdotes como Carlos Mugica, que ejercitaba su ministerio en la villa de Retiro.

Uno de los momentos más críticos de las relaciones tormentosas con el gobierno de facto del general Onganía se produjo el 20 de diciembre, cuando los sacerdotes reaccionaron ante el anuncio del gobierno de erradicar las villas de emergencia, consideradas como posibles focos de subversión y desorden. Una delegación del Movimiento de Sacerdotes para el Tercer Mundo se presentó ante las puertas de la Casa Rosada para entregar al Presidente una carta en la que denunciaba la dramática situación vivida en las villas donde se apiñaban alrededor de 800.000 personas. "...Su gobierno no encuentra otra solución que la tan publicitada Ley de erradicación en Villas de Emergencia que lejos de aportar beneficios reales, sólo logra agudizar el problema. Esta ley no puede constituir solución alguna porque pretende combatir ciertos efectos, sin atacar las causas. Ya hubo quienes, no hace mucho, pretendieron esconder las villas detrás de grandes muros. Ahora se va más lejos, se las erradica".

Hostilizados frecuentemente en su tarea por miembros de seguridad, su trabajo comenzó a ser criticado abiertamente por los sucesivos gobiernos militares a medida que trascendía su acción de promoción entre los pobres y de concientización de la sociedad en general a través de declaraciones y gestos públicos. Sintetizando la opinión del entorno gubernamental y de una parte del clero, el jefe de inteligencia del estado mayor conjunto, brigadier Eliseo Ruiz, declaraba a la prensa: "Hoy los agitadores más peligrosos son los sacerdotes del Tercer Mundo, especialmente los de extrema izquierda, marxistas o maoístas". El compromiso cada vez mayor con el peronismo, del cual el padre Carlos Mugica sería el adalid, los hacía cada vez más sospechosos de apoyar a las organizaciones guerrilleras que buscaban a través de la lucha armada el regreso de Perón. En verdad, algunos integrantes del movimiento montonero tuvieron contacto con miembros del MSTM, lo que no es algo extraordinario si se tiene en cuenta el origen católico y nacionalista de los fundadores y de muchos de sus simpatizantes. Sectores del movimiento tercermundista apoyaron a la guerrilla, una minoría de ellos llegó a integrarla, otros a justificarla. Tampoco esto debería sorprender si hacemos un poco de memoria: a lo largo de su historia, importantes miembros de la Iglesia, cuando no la institución misma, manipularon de forma conveniente las exégesis evangélicas para justificar la violencia.

Pero actitudes como estas sería injusto atribuirlas de manera general al Movimiento de Sacerdotes para el Tercer Mundo.

"Ser voz de los que no tienen voz", el lema utilizado por Dom Helder Camara, resume el ideal religioso político del Movimiento. En un ambiente de esperanza por cambios políticos inminentes, aceptan una entrevista con el retornado Perón, el seis de diciembre de 1972, comprometiéndose a colaborar de manera estrecha con el futuro gobierno justicialista.

Pero no todos confían ciegamente en el anciano general. Las contradicciones entre sus dichos y sus hechos se van haciendo evidentes con el correr de los meses y su esperado retorno al poder. En mayo de 1974 es asesinado el P. Mugica. Los sacerdotes tercermundistas viven su tiempo de descuento: problemas internos van debilitando el movimiento. Ya desmembrados, ven pasar los días que llevan al golpe de Estado de 1976. Varios de ellos estarán entre las primeras víctimas de la Triple A y de la represión ejercida por la dictadura militar impuesta en 1976.

Silenciados, perseguidos, debilitados, aun así su influencia se puede percibir en la sensibilización que sobre los pobres generaron en el ámbito de la Iglesia.

San Miguel, Conferencia Episcopal Argentina, abril de 1969

La aplicación de los documentos de Medellín fue el tema fundamental de la Conferencia Episcopal Argentina que se reunió entre el 21 y el 25 de abril de 1969 en San Miguel, provincia de Buenos Aires, mientras el país vivía un clima de represión y protestas populares, preludio del "Cordobazo". Con una clara intención de evitar la ruptura entre los grupos más avanzados en lo social y sectores conservadores, los obispos dejaban en claro su buena voluntad al diálogo con religiosos y laicos.

"Nos proponemos dialogar frecuentemente con los sacerdotes, religiosos y laicos que están realizando un apostolado social comprometido en ambientes obreros, estudiantiles, tanto en zonas urbanas como rurales para comprender mejor sus inquietudes, ponderar sus planes, orientar su acción y apoyarlos llegado el caso".

Casi legitimando los postulados tercermundistas, los obispos argentinos declaraban: "Inspirados en el Evangelio defenderemos los derechos de los pobres y marginados, a la vez que urgimos a los cristianos y a todos los hombres de buena voluntad a cooperar con su opinión y su acción a eliminar todo cuanto amenace la paz social; injusticias, marginaciones, opresiones de grupos o de sectores dominantes, insensibilidad al cambio social, abuso de cualquier tipo de fuerza, desigualdades excesivas en la distribución de los bienes y toda otra forma de opresión".

Casa de muchas moradas

Los años posconciliares siguieron su curso, la década del setenta transcurrió con la esperanza del surgimiento del "hombre nuevo, en una sociedad nueva". Esperanza cercada por el caos y la violencia.

En medio de ese clima, las voces de la Iglesia se escuchaban aisladas, contradictorias. Dos homilías ilustran de manera elocuente las diferencias abismales entre los hombres del clero en los meses previos al golpe de marzo de 1976.

El arzobispo de Santa Fe, Monseñor Vicente Zazpe, reflexionaba profundamente en una de sus homilías: "La Argentina ha aceptado vivir en el pecado, disimular el pecado, verlo en unos e ignorarlo en otros; a veces en los gobernantes y no en los gobernados, otras veces disimularlo en la autoridad y denunciarlo en la ciudadanía, verlo en la izquierda y no verlo en la derecha y callarlo en la izquierda [...] Hemos experimentado todo, secuestros, torturas, bombas, asaltos, la muerte ha destrozado familias, hemos colmado las cárceles y los cementerios.

¿Seguiremos denunciando, matando, muriendo, rabiando, llorando?" [3].

[3] Citado en *Historia de la Argentina*. Colección dirigida por Félix Luna.

En cambio, monseñor Victorio Bonamín, provicario de las fuerzas armadas, era noticia en la prensa de todo el país al expresar desde el altar de la iglesia castrense Stella Maris lo que se asemejaba bastante a un llamamiento a un golpe de Estado. En la misa oficiada el 23 de septiembre de 1975 en memoria del teniente coronel Larraburu, asesinado por la guerrilla, Bonamín proclamaba: "¡Cuántas veces Dios se ha servido de personas morales como si fueran personas físicas, individuales, para sus fines. ¿Y no querrá algo más de las Fuerzas Armadas que esté más allá de su función de cada día, en relación a una ejemplaridad para toda la Nación? [...] ¿Que se pueda decir de ellos que una falange de gente honesta, pura, hasta ha llegado a purificarse en el Jordán de la sangre para ponerse al frente de todo el país hacia los grandes destinos futuros?" [4].

La Iglesia en la Argentina de aquellos años era una casa de muchas moradas, tantas como para albergar a sacerdotes obreros, curas villeros, tercermundistas, defensores preconciliares, posconciliares, religiosos azorados ante el vértigo de los cambios, hombres y mujeres decididos, confusos, vacilantes, valerosos, comprometidos, neutrales. Todos haciendo oír sus diferentes voces en esa gran asamblea (*ecclesia*) que es la Iglesia.

[4] *Clarín* y *La Razón*. 24 de setiembre de 1975.

34

Capítulo IV

Montoneros

El 23 de setiembre de 1955, el general Eduardo Lonardi proclamaba el lema de la Revolución Libertadora: "Ni vencedores, ni vencidos".

El tercer golpe militar del siglo XX se había realizado con el apoyo de nacionalistas católicos y políticos liberales y con el visto bueno del partido radical. Paradójicamente, el partido que había sido víctima del primer golpe de estado ahora conspiraba contra el heredero del segundo. Sin embargo, a pesar de las tranquilizadoras palabras, el honor de los vencidos sería mancillado poco después. La proscripción del peronismo, los fusilamientos en José León Suárez de partidarios de Perón, el control de los sindicatos, son algunos de los signos de la persecución de todo lo que sugiriera peronismo, ejecutada por los sucesivos gobiernos militares,

Los jóvenes de todo el mundo que a fines de los sesenta y principios de la década siguiente participaban en distintos movimientos político-sociales, tenían en sus pares de Argentina dignos representantes que intentaban participar en la transformación de ese mundo, eligiendo para ello diferentes caminos: trabajo social, artístico, actividades religiosas, sociales, políticas.

Esos niños que habían nacido entre 1945 y 1955 en hogares peronistas habían crecido escuchando a sus padres desgranar recuerdos sobre Perón y Evita, sobre la dignificación del obrero, gracias al desarrollo de su doctrina, pero también con sus propios ojos habían visto la eternización de los militares en el poder, la democracia pisoteada junto con sus derechos.

En otros hogares no peronistas, la misma generación había percibido el desprecio en los calificativos de "la Eva" o "la Perona", había escuchado repetidamente la leyenda negra del movimiento proscripto, la persecución a los "contreras", la soberbia con que los "cabecitas" marchaban apoyando a su líder.

Otros jóvenes habían optado por el marxismo. El modelo soviético o la revolución cubana eran para ellos una solución a los problemas de Argentina y en el peronismo veían solo su raíz fascista considerándolo "enemigo de clase". Ocupaban el tiempo en eternas discusiones acerca de las diferentes vertientes de las ideas de Karl Marx y en cómo lograr que esas ideas fueran aceptadas por la sociedad argentina.

Jóvenes nacionalistas, católicos cuyos padres habían aplaudido el paso de los tanques y aviones de la "Libertadora", empezaban a ver en Perón al hombre fuerte que el país necesitaba. En las paredes de Buenos Aires aparecían los clásicos "Perón vuelve" y "Perón o muerte".

Cristianismo y peronismo. Cristianismo y revolución

"San José era radical,
San José era radical
y la Virgen socialista
y la Virgen socialista
y tuvieron un hijito
montonero y peronista".

Los integrantes de las columnas que coreaban el clásico cantito en los actos de la organización montonera, tenían en común las lecturas del jesuita Teilhard de Chardin, de periodistas católicos como García Elorrio, de intelectuales de izquierda que se habían acercado al peronismo, como Hernández Arregui y Rodolfo Puiggrós, de los escritos tercermundistas como el discurso pronunciado por el Che Guevara en Argel acerca del "Hombre Nuevo" o las obras de Carlos Mugica, John William Cook[5] o Camilo Torres[6].

Algunos de ellos alternaban sus estudios universitarios con el trabajo de asistencia en las villas de emergencia, a las que habían llegado de la mano de sacerdotes que los enfrentaban con una miseria que hasta ese momento habían divisado de lejos en la comodidad de sus hogares.

También ellos habían mamado el antiperonismo, la narración sobre la quema de las iglesias, la persecución a los religiosos, el asalto a la catedral metropolitana, el escándalo que había significado décadas atrás la irrupción de los "cabecitas negras" en la vida política del país.

El confrontamiento con esos "cabecitas" les hablaba ahora de otra realidad: los pobres veían a Perón como el salvador, el hombre que por primera vez se había preocupado por ellos, el único que había cumplido con las promesas hechas en épocas electorales. En esas precarias casas de material o chapa las imágenes religiosas se alternaban con una eternamente joven Evita, enjoyada, deslumbrante en su vestido de fiesta, sonriendo protectoramente a sus "grasitas". Los jóvenes católicos escuchaban el relato de su generosidad de hada madrina, de los camiones de la Fundación Eva Perón que llegaban a la villa repartiendo colchones, ropas, alimentos y juguetes que para muchos chicos serían los primeros y únicos que recibirían. Los veintiséis de julio, fecha de su muerte, los humildes encendían velas frente a su imagen o simplemente, cansados por las penurias cotidianas, hallaban refugio en la oración a la "santita".

Claro que, en la utilización de imágenes, la iconografía popular no se detendría sólo en ella, ni sería patrimonio exclusivo de las villas; Felipe Varela, el Chacho Peñaloza, Facundo y, fundamentalmente, la Evita Capitana, la que "de haber vivido no hubiera sido otra cosa que montonera", la santa revolucionaria invocada por la Organización, presidían las concentraciones.

Un paso importante para el desarrollo de los "montos" sería el apoyo que recibieron de determinados sectores del Movimiento de Sacerdotes

[5] Ideólogo del peronismo de izquierda, representante de Perón durante el exilio.
[6] Camilo Torres Restrepo. Sacerdote colombiano, sociólogo. Relacionado con sectores marginados, se enroló en la guerrilla colombiana. Murió combatiendo en las montañas de ese país en 1968.

para el Tercer Mundo, que los consideraron un "ejército popular, el ejército del pueblo necesario para el regreso del peronismo y con él el triunfo de la justicia social" [7].

Muchos de los católicos, sacerdotes y laicos que integraron la organización, los "cristianuchis", como se los conocía, hablaban entonces de la culpa que sentían por pertenecer a una Iglesia que en Argentina había propiciado el golpe que alejó a Perón de su pueblo. El compromiso cristiano pasará entonces por el compromiso con la lucha, armada o no, por el retorno del viejo general.

Miles de estos jóvenes integrarían la organización Montoneros, a la que habían llegado por tan diferentes caminos, desde la J.E.C. (Juventud Estudiantil Católica), la J.O.C. (Juventud Obrera Católica) y el C.P.L. (Cristianos para la Liberación). Este último fue fundado ya en 1975, bajo la inspiración de Norberto Habbegger, destacado miembro de Montoneros, quien provenía de la Democracia Cristiana y fue para muchos "cristianuchis" un referente del compromiso cristiano con la lucha armada. Cristianos para la Liberación fue un grupo de reflexión, integrado en su mayoría por peronistas de izquierda, entre ellos sacerdotes como los padres Carlos Bustos y Jorge Adur, algunos de los cuales pasaron a militar en la organización Montoneros.

La lucha

Dos actos terroristas, el secuestro y asesinato del general Pedro Eugenio Aramburu y la toma de la ciudad cordobesa de La Calera son los que inician el accionar de Montoneros. Los años que transcurrieron desde entonces hasta el retorno de Perón son testigos del crecimiento de esta organización, que en mayo de 1970 contaba con una docena de miembros, pero estaba apoyada en sus objetivos por centenares de adherentes que se transformaron en miles, merced al trabajo de captación de potenciales integrantes llevado a cabo por militantes montoneros en sectores políticos, sindicales, religiosos y estudiantiles.

---

[7] Movimiento de Sacerdotes para el Tercer Mundo. Mendoza. *Nuestra opción por el peronismo*. 1971.

Hasta producirse el regreso de Perón y la llegada de lo que consideraban un "verdadero gobierno popular", los atentados dejaron como resultado decenas de muertos. Los secuestros extorsivos de poderosos industriales aportaron a las arcas montoneras el dinero suficiente para renovar el arsenal y sostener el crecimiento vertiginoso de la organización, que a través de la entrega de alimentos y medicamentos en barrios pobres de Buenos Aires provocaba la aceptación y hasta la simpatía de quienes hasta ese momento observaban recelosos. Durante el tercer gobierno peronista, Montoneros depone las armas, participa, en forma conjunta con el Ejército, de operativos de ayuda humanitaria como el denominado Dorrego, actúa en política a través del Partido Peronista Auténtico ganando bancas en la cámara de diputados, ocupando cargos públicos donde los protegen ministros y gobernadores.

Pero el avance de la derecha es igualmente arrollador, el control del gobierno está en manos de ese sector cuya cabeza visible es el ministro José López Rega. Será entonces cuando Perón "expulse" a los montoneros de la plaza.

El siete de setiembre de 1974 (día del Montonero, por el aniversario de la muerte de dos de sus fundadores), dos meses después de la muerte de Perón, la organización retoma la lucha armada.

Organizados geográficamente en regiones o zonas, divididos en columnas y estas a su vez en células, en el '74 sus filas se ven enriquecidas con la fusión de la F.A.R. (Fuerzas Armadas Revolucionarias) de origen guevarista, nacida a fines de los sesenta, y la integración de parte de la F.A.P. (Fuerzas Armadas Peronistas).

En ese tiempo, según los altos mandos montoneros, llegaron a contar con 5.000 miembros que participaban en forma activa. Una vez producido el ingreso, los rangos militares a superar eran: aspirantes, unidad básica revolucionaria (U.B.R.), unidad básica combatiente (U.B.C.), teniente, capitán, mayor y finalmente comandantes que, como Firmenich o Roberto Perdía, formaban parte de la Conducción Nacional que dirigía la Organización Montonera. Al ser una organización político-militar, se podía actuar como combatiente en los pelotones que intervenían en operaciones militares, manejando las armas robadas o fabricadas en talleres de la misma organización, o como milicianos, quienes podían intervenir en tareas de inteligencia, información, apoyo de actividades militares, o provocación de disturbios. "El miliciano solía combinar sus actividades político-militares con el desempeño de un empleo o de unos estudios regulares, con una correcta adaptación pública y una perfecta apariencia de normalidad" [8].

El campo de batalla

La anarquía y la confusión al retomar Montoneros la lucha armada es, entonces, total. El E.R.P. (Ejército Revolucionario del Pueblo), partidario del foquismo rural, combate en el monte tucumano. La organización derechista "Triple A", con sus asesinatos de militantes o simpatizantes de izquierda, atemoriza a la población que ve como ambos bandos dirimen sus diferencias aumentado día a día el número de víctimas por la violencia. La sociedad incorpora como hechos cotidianos las bombas, el ametrallamiento, los secuestros.

El presidente del senado Italo Luder asume la primera magistratura en forma interina por licencia de Isabel Perón. A fines de 1975 Luder envía un proyecto al congreso por el que se creaba el Consejo de defensa nacional y el de seguridad interior que puso bajo el control de los militares la responsabilidad total de la lucha contra la subversión sin ninguna posibilidad de control de los métodos a emplear. La carta blanca para el secuestro, la tortura y el asesinato, había sido finalmente concedida.

Lo que prometía ser en Argentina el reinado de una sociedad más justa dejó en cambio un inmenso y enloquecido campo de batalla.

---

[8] *Soldados de Perón.* Richard Gillespie. Grijalbo. 1984.

Capítulo V

Los años setenta

La Argentina era el espejo tardío de los cambios en la forma de vida del Primer Mundo. Los setenta se inauguraban con el furor de la moda unisex, las minifaldas y el pelo largo transgrediendo el reglamento de los institutos de educación.

En las reuniones, los jóvenes cantaban canciones como "La marcha de la bronca", entre otras de las llamadas canciones de protesta, o coreaban esperanzados "Palomas de la ciudad" de María Elena Walsh, aquello de "vamos a la pirámide (de Plaza de Mayo)/ celebrando por una vez / que se fueron los cazadores / y que ya nunca van a volver". Mercedes Sosa, Piero, Serrat, Zitarrosa, Violeta Parra, reemplazaban el gusto de los jóvenes por las peñas folklóricas o los cantantes de la Nueva Ola. Las peñas de los '60 empezaban a ser un recuerdo, y por todos lados se escuchaba rock argentino y música de Brasil.

Khalil Gibran, Saint-Exupery, Ernesto Cardenal, Pablo Neruda, Mario Benedetti y Miguel Hernández agotaban las ediciones, el boom latinoamericano de García Márquez, Vargas Llosa, Carlos Fuentes golpeaba con la fuerza del bumerán después de probar su valor en Europa.

En sectores más politizados, los jóvenes vivían como propio el sueño socialista del presidente Salvador Allende en Chile. Cuba era un referente. Y Perón parecía ser la concreción criolla de ese sueño.

La contestaria Mafalda observaba impávida desde los afiches el bullicio juvenil y la humareda provocada por el cigarrillo, síntoma incuestionable de la adultez de sus consumidores, que agotaban las coca-colas con la misma pasión que el *Diario del Che* en un extraño sincretismo de capitalismo y marxismo.

Los años setenta avanzaban. El general Lanusse, presidente de facto, afirmaba que a Perón "no le daba el cuero" para volver al país y Perón demostraba que su cuero daba para esto y para mucho más al retornar tras diecisiete años de exilio, en noviembre de 1972, y resultar vencedor el partido que lideraba en las elecciones del 11 de marzo de 1973. El aplastante triunfo de la fórmula Cámpora-Solano Lima sería el primer paso de la vuelta al sillón presidencial del viejo general o simplemente "el viejo", como lo llamaban con afecto y admiración sus jóvenes partidarios.

En octubre, cuatro días después de festejar su cumpleaños número setenta y ocho, la banda de primer mandatario cubría nuevamente su pecho de general de la nación.

Pero, ¿quién era Perón?

Sería presuntuoso pretender dar una respuesta en estas páginas. Se han escrito libros enteros y miles de artículos, y la incógnita sigue sin ser despejada. En todo caso, sí se puede asegurar quién no era. No era el líder revolucionario que los jóvenes militantes montoneros esperaban, el Fidel Castro del Sur al que John William Cook, ideólogo de la juventud peronista más combativa, urgía a unírsele en La Habana para encabezar la revolución en esta parte de América. Cook parecía ignorar que el destinatario de sus cartas había encontrado refugio en la España del Generalísimo Franco, como ya antes lo había hecho en el Paraguay de Stroessner y en países como Venezuela y Panamá, gobernados por hombres fuertes de clara orientación derechista.

El tercer gobierno peronista

En el año 1973, cuatro presidentes pasaron por el poder en Argentina: Lanusse, Cámpora, el efímero Lastiri y Perón gobernaron en los diez primeros meses del año. Por muchos motivos, el '73 fue un año para recordar.

El entusiasmo del electorado que en setiembre eligió por el 62% al binomio Perón-Perón, dejó de lado la avanzada edad del líder y el problema de su sucesión. Isabel Perón, la vicepresidente, era a todas luces incapaz de conducir el destino de una nación. Desde un principio se hizo evidente la frágil salud del presidente y fue en ese momento cuando el término "entorno" comenzó a ser murmurado, en un principio por la oposición y más adelante por sus propios partidarios, para designar al grupo cercano a Perón e Isabel, grupo cuya cabeza visible era el secretario privado del General, el recientemente designado ministro de Bienestar Social José López Rega, en quien muchos vieron al Rasputín del último círculo áulico que rodeó a Perón.

Los nueve meses que duró su tercer gobierno fueron motivo de desaliento para los jóvenes que habían esperado cambios revolucionarios. Esos muchachos, "sus muchachos", la "juventud maravillosa" que había luchado por su vuelta al poder y que ahora era rechazada, empezaban a estar fuera de su control. El presidente se apoyaba entonces en los sindicatos, en sus viejos muchachos. El 1º de mayo se convoca a una fiesta popular, a un "auténtico día peronista" para celebrar el Día del Trabajo, pero Perón no está de ánimo festivo, increpa desde el mítico balcón de la Casa Rosada a sectores de la izquierda peronista presentes en la Plaza de Mayo calificándolos de "estúpidos e imberbes".

El doce de junio un Perón cada vez más deteriorado amenaza con renunciar "si aparecen quienes pueden llenar mi lugar con mejores posibilidades". La Confederación General del Trabajo reacciona declarando paro general y concentración bajo las ventanas de La Rosada para apoyar al Primer Trabajador y este se despide de su gente afirmando que "mi único heredero es el pueblo". Tres semanas después, el 1º de julio de 1974 Perón moría y el pueblo heredaba. Heredaba la violencia desatada y el peor gobierno democrático de su historia.

El camino del golpe

La llorosa y menuda mujer enfundada en negro anunció al país la muerte de su esposo y maestro ante un pueblo no sólo preocupado por la repentina sucesión que dejaría al descubierto la incapacidad de la señora presidente, sino también por la subversión, la crisis económica y el colapso internacional del petróleo, que multiplicó su precio haciendo trizas el pacto social y provocando una escalada inflacionaria agravada por medidas económicas como la devaluación del 100% y el aumento del precio de combustibles del 175%, entre otras disposiciones que ocasionaron el desconcierto general. Los ministros se sucedían antes que el ciudadano común pudiera retener sus nombres.

José López Rega se había convertido en una suerte de primer ministro al que comenzaron a achacársele todos los males. El alejamiento del hombre al que todos indicaban como el fundador de la Alianza Anticomunista Argentina (la "Triple A") era inevitable. En el futuro, esta organización, responsable del asesinato o exilio de intelectuales, artistas y combatientes de izquierda, habría de proveer de varios de sus integrantes a los grupos de tareas que después del golpe de marzo del setenta y seis asolaron al país.

El operativo "Independencia", destinado a aniquilar a la guerrilla del Ejército Revolucionario del Pueblo en los montes de Tucumán, elevaba al jefe del ejército general Jorge Rafael Videla como el salvador de la patria, el hombre fuerte que necesitaba la nación para reemplazar a Isabel y todo lo que ella representaba.

La idea del golpe volvía a ser aceptada por un alto porcentaje de la opinión pública. El vacío de poder era un tema recurrente en los medios de comunicación y el levantamiento de la fuerza aérea a fin de año era un elemento más que preanunciaba el inminente fin.

Tras un verano caliente donde los políticos se unieron a último momento para negociar una salida más honrosa, se convocó a elecciones para fin de año. Pero la partida de defunción de la democracia ya había sido firmada. El 24 de marzo de 1976 fue el día designado para el golpe de Estado.

SEGUNDA PARTE

La vida y la muerte

Ser y hacer se vuelven una sola cosa en nuestra vida cuando la vida y el ser son un "martirio" por la verdad.

Thomas Merton

P. Alfredo Leaden.

Capítulo VI

San Patricio en Areco

San Antonio de Areco, verano de 1970

*Ocho jóvenes universitarios eligen el
camino de Dios
Reportaje de Silvia Drei. Publicado el 15
de marzo de 1970. Clarín revista. Clarín.*

La gacetilla decía así: "En una ceremonia a efectuarse mañana a las
17.30 en la parroquia Santa Isabel, sita en Estrada 833 (Caballito),
iniciarán su carrera sacerdotal jóvenes universitarios, quienes partirán
de inmediato a San Antonio de Areco para hacer el noviciado de un año
en la Sociedad Palotina, debiendo completar sus estudios posteriormente
en el Seminario Internacional Palotino del Brasil".

El asombro tuvo fecha: 31 de enero de 1970.

¿Jóvenes universitarios que dejan sus carreras para ingresar al
sacerdocio? ¿Trueque de vida ciudadana por quietismo de claustro? Lo
decidimos rápido: camioneta, grabador, fotógrafo y periodista... ¡Rápido, a los pagos de Güiraldes!

San Antonio de Areco se entrega, retazo de llanura, en el cubileteo de
su empedrado húmedo, reticente. Hay sombras culposas en algunos
edificios nuevecitos de sol y cemento. Al lado, rectángulos rosas
aladrillados dicen historia, su anécdota de pampa, de infinitud, de cielo.
El Puente viejo canta su rumor lento y fervoroso.

Casi en pleno centro, la iglesia San Patricio, antiguo pupilaje de
religiosos, pone su andamiaje al espacio en los torsos bronceados que
levantan argamasa, cañerías, confort. La dinámica exterior se quiebra en

47

silencio en la pequeña sala de recibo: el párroco y director espiritual padre Alfredo Kelly cuenta más con sonrisas que con palabras la historia de la Sociedad Palotina, llamada también Sociedad del Apostolado Católico. Su fundador fue un sacerdote romano, san Vicente Pallotti, y nació en la Roma de 1835 (*Sic*, por 1795). La Argentina les abrió la puerta y la tierra sin límites allá por el año 1886. Desde entonces han fundado casas en Buenos Aires (tres), Córdoba, Mercedes, Guatraché, Suipacha, Empalme Lobos, Moreno, Castelar, Munro, Turdera, Villa General Belgrano, Rawson (Bs.As.), San Antonio de Areco y una misión en Los Juríes, Añatuya, Provincia de Santiago del Estero. Diecisiete casas pertenecientes a la congregación palotina atendidas por un total de cincuenta sacerdotes y seis hermanos. Caso curioso, ¿no?. Tan poca gente y tanta obra.

En la pequeña salita aparece el padre Alfredo Leaden, maestro de novicios. Tiene el mismo gesto un poco ausente y cordial del padre Kelly.

C.R: ¿Podrían decirnos cuál es el objetivo o finalidad de la Sociedad Palotina?

P. Kelly: Obra de apostolado, fomentar el apostolado universal que compete a todos los cristianos en función de su bautismo. Enseñar a cada cristiano que por la ley del bautismo tiene derecho de llevar la obra apostólica a cualquier lado y a cualquier individuo.

C.R: ¿En qué consiste la obra del apostolado?

P. Kelly: Es múltiple y varía de acuerdo con las necesidades individuales, sociales y geográficas.

En la coloración de la piel, en la amplitud de la frente, en toda su tipología está declarando la ascendencia irlandesa.

C.R: ¿En un comienzo la congregación estaba para servir a la colectividad irlandesa?

P. Leaden: Sí. En San Antonio de Areco fue fundada en 1930, eran épocas de inmigración. La congregación procedió originalmente de dos ramas: la alemana y la irlandesa. En la actualidad somos todos argentinos.

C.R: ¿Los jóvenes que ingresaron en el noviciado tienen ascendencia extranjera?

P. Leaden: Algunos pueden tener ascendencia de varias generaciones ya sea sajona o latina; pero le insisto, somos todos argentinos.

C.R: ¿Qué práctica se hace durante el noviciado?

P. Kelly: Es un año especial que se cumple dentro del sacerdocio, dedicado particularmente a la meditación, oración y comunicación con Dios.

C.R: ¿En qué momento de la carrera sacerdotal se comienza el noviciado?

P. Kelly: No hay tiempo exacto; cuando el alumno está preparado para ello.

C.R: ¿Quién determina cuándo están preparados?

P. Kelly: Por mitades: una parte ellos, una parte nosotros.

C.R: ¿Los novicios actuales entraron directamente de la universidad al noviciado?

P. Kelly: Algunos sí estaban preparados. Otros no: han cursado algunos años de seminario en la Universidad de Brasil.

Al ver los preparativos fotográficos, el padre Kelly, mirando su pullover celeste, la camisa deportiva y los mocasines, comenta: ¿Habrá que vestirse de fiesta...?

Entre Cristo y el hombre nuevo

Se levantan un poco atropelladamente: alguna silla no muy estable continúa un rítmico bamboleo, sobre la mesa varios ceniceros mezclan el olor del cigarrillo con el perfume de magnolia y de jazmín del país tan común a los patios y a los pueblos. Al primer fogonazo se dirían deportistas, un *team* invicto y dispuesto a mantener el título, remeras, blue jeans, mocasines, juventud a montones. Uno solo de los integrantes del grupo, Oscar Toccalino, pertenece a otra generación. Simplemente se ha presentado como un benjamín de cuarenta y tres años. Las edades de los demás son acordes.

Hay tal vitalidad, tal colorido humano en expresión, gesto, movimiento que cuesta abrir el fuego, indagar, bucear y rescatar la verdad de estos nueve jóvenes universitarios que, al parecer, con una sonrisa han dejado atrás la cotidianeidad. Pero lo hacemos.

C.R: ¿Cómo consideran que debe ser el sacerdote en la era actual?

Daniel Irigoyen (21): Comprometido con las necesidades temporales y espirituales del hombre.

Ernesto Sánchez (23): Compromiso que es testimonio y que apunta a la redención de la humanidad. Es decir, no estar comprometido en lo social por lo social en sí, en lo económico o en lo político por lo económico y lo político, sino en presencia sacerdotal para dar testimonio de ese sacerdocio.

C.R: ¿Qué significa "dar testimonio"?

Ernesto Sánchez: Ser un nuevo Cristo.

Jorge Kelly (19): Para nosotros, cristianos, es fácil determinar la conducta a seguir, tenemos un espejo que no se empaña nunca, Cristo. Si Cristo se comprometió hasta morir, nosotros sus sacerdotes no podemos equivocar el camino.

Hugo Bonafina (18): El compromiso sacerdotal con la circunstancia temporal del hombre no debe detenerse nunca en la limitación de las cosas humanas, que precisamente por humanas son perecederas y sujetas a cambio: un sacerdote no puede ser un político más, afiliado a un determinado partido o candidato a senador. Su misión es esclarecedora y conductora, pero a través de las circunstancias humanas debe iluminar la última instancia de la humanidad, el mundo sobrenatural.

Enrique Guastavino (19): Este compromiso no es nada nuevo: desde Cristo hasta ahora los cristianos han asumido esta herencia. La época obliga hoy a una mayor apertura geográfica de lugar, del sacerdote. Ya no nos podemos quedar en la parroquia ni en los colegios, ni en nuestras casas esperando que la gente venga a nosotros: al contrario somos nosotros los que estamos obligados a ir en busca de la gente, entrar en su mundo, comprometernos con sus intereses temporales y conducirlos a Cristo.

Sergio Mario Schaub (27): El sacerdote es un puente entre el hombre y Dios. La Iglesia actúa como un llamado, como señal de que la vida no se termina aquí sino que continúa, es trascendente y que está destinada a establecer un mundo de justicia, amor y paz en el reino de Cristo. Nosotros debemos utilizar ese compromiso temporal y humano, es decir la inmediatez circunstancial, para cumplir con nuestra función de puente, de travesaño colocado expresamente para que la humanidad encuentre el camino de Dios.

C.R: ¿Cómo interpretan ustedes las diversas posiciones de los sacerdotes latinoamericanos en cuanto a problemas humanos y sociales?

Daniel Irigoyen: Fíjese..., a mí personalmente esa diversidad de opiniones, de enfoques me alegra muchísimo y me alegra porque toda esta multiplicidad de pensamiento conduce a la unidad de la Iglesia. Esa unidad se va a dar con el enriquecimiento, que no se va a lograr nunca si todos continuamos estáticos; en la medida en que dialoguemos (o discutamos) nos iremos acercando a la verdad.

C.R: ¿Cree Ud. que esa unidad de la Iglesia se va a dar pese a la persecución, condena y martirio de sacerdotes?

Daniel Irigoyen: La persecución de que están siendo objeto en Latinoamérica contribuirá a precipitar esa unidad, ya que esos sacerdotes actúan como testimonio; es decir como Cristos redivivos.

Ernesto Sánchez: Vivimos en una sociedad pluralista, tal posición está presente en los integrantes de la Iglesia ya que son hombres y no pueden por lo tanto ser indiferentes a la problemática humana. Dentro de ese pluralismo vigente en la Iglesia y determinado por la época, cada uno se sentirá o no. Y si esa integración significa persecución, condena y martirio, el testimonio sacerdotal apresurará, como dice Daniel, la unidad de la Iglesia, ya que perteneciente a una u otra corriente, el que se "compromete" es un sacerdote cristiano.

Daniel Irigoyen: Hay un hecho que si aún no es directamente perceptible, viene anticipándose cada vez más frecuentemente: a medida que la Iglesia se convulsiona, se divide y se vuelve a unir renacida en la fe, los fieles, aun los tibios, acompañan ese movimiento. Ellos también se dividen y vuelven a unirse, pero en esa conjunción de la grey cristiana se percibe un hombre distinto, un hombre en el cual se acentúan determinados matices y se desvanecen otros, ese hombre es el hombre "nuevo" que Cristo espera desde los comienzos de la humanidad.

C.R: ¿Qué entienden ustedes por "hombre nuevo"?

Sergio Mario Schaub: El hombre nuevo aún no es; está creciendo desde hace muchos siglos. Si estudiamos su historia vemos que se aproxima cada vez más al ideal cristiano, la abolición de la esclavitud, la declaración de los derechos humanos, la igualdad de clases, aunque a veces no se dé en la práctica, son grados de crecimiento hacia la "hombridad" total. Este hombre futuro para nosotros y previsto por Cristo desde todos los tiempos será un hombre en paz, su característica fundamental será ésta, paz interior. Hoy no hay hombres en paz, hay hombres pacifistas, hombres que se niegan a tirar bombas e incluso a fabricarlas por valoración moral del hecho en sí, pero en su interioridad pueden tener el corazón lleno de envidia, de rencor o de cualquier otra miseria humana. El hombre nuevo que los cristianos aguardamos será realmente a "imagen y semejanza" de Dios: los tiempos y sus conflictos parecen señalar el camino de reflexión necesario para su desarrollo.

C.R: ¿Qué método propondrían ustedes para lograr esa unidad de la Iglesia de la que hablábamos?

Roberto Killmeate: Uno muy antiguo: el amor.

Enrique Guastavino: Aplicar el evangelio cristiano: aceptar al otro aunque tenga ideas opuestas y calladamente transformarlo.

C.R: ¿Qué papel está llamada a desempeñar la Iglesia en Latinoamérica en la actualidad?

Gustavo Sapere (17): Mentalizar: es decir que cada individuo tome conciencia cabal del momento que le toca vivir.

Daniel Irigoyen: Esa mentalización o concientización debe implicar una respuesta concreta a la realidad de cada individuo o país: de nada serviría mentalizar si cada hombre se quedara con un panorama muy claro adentro pero sin importarle lo que le pasa al vecino y sin solidarizarse con él.

Ernesto Sánchez: El papel que en este momento debe desempeñar la Iglesia en América Latina y en todas partes del mundo consiste en la formación de auténticos cristianos; estos modificarán la sociedad caótica en la cual vivimos hasta lograr el desarrollo del hombre nuevo que América y el mundo entero esperan.

Hugo Bonafina: Una gran responsabilidad cabe a la Iglesia en este momento en Latinoamérica: este es un continente de gente joven. Hay estadísticas que dicen: el 70% de sus habitantes es menor de 25 años, y un 40% menor de 16 años. Aquí está el futuro de la Iglesia y aquí se va a dar ese hombre "nuevo" del que hablábamos por el fervor de la juventud, fervor que ya no existe en Europa dado que su población es en su mayoría gente mayor y por lo tanto poco permeable al cambio. Y esta es otra realidad que debemos asumir: en América Latina se va a producir el cambio que la contingencia histórica reclama. Ese cambio será a favor nuestro o en contra nuestro; lo sabemos. Pero será.

Enrique Guastavino: La Iglesia tiene que comprendernos, tiene que saber que nosotros los jóvenes cristianos latinoamericanos estamos dispuestos a llegar a las últimas consecuencias en nombre de Cristo (así esa última consecuencia sea dar la vida); por lo tanto, tiene que hacerse eco de nuestra juventud, de nuestro fervor. Para ello tiene que dejar de ser "vieja", tiene que volverse un poco loca, un poco joven para entender lo que queremos decirle, proponerle, darle.

San Antonio de Areco queda atrás —¿atrás?— con "boliches" llamados "Don Segundo", con esquinas tardías de tiempo, con bocacalles abiertas hacia cualquier parte, abanico desplegado en cielo y tierra. Y con nueve curiosos personajes, nueve muchachos que vuelven a hacer un "alto" allí donde Güiraldes detuvo alguna vez el tiempo para ver su cara criolla...

Mientras, nosotros seguimos andando nuestra tierra de nadie, pero inevitable una pregunta juguetea en la comisura de la boca: ¿Y si de verdad el hombre "nuevo" estuviera creciendo?

"Reportaje de Silvia Drei". Publicado el 15 de marzo de 1970. Clarín revista. *Clarín.*

Areco

El testimonio de esos novicios que en el verano de 1970 dialogaron con la periodista del diario *Clarín* refleja las esperanzas, los sueños que vivía la juventud de aquellos años. Guiados por los padres Alfredo Leaden, maestro de novicios, Alfredo Kelly, párroco, y Kevin O'Neill como director vocacional, la parroquia de San Patricio y el antiguo colegio Clonmacnoise servían de residencia para los diez novicios y tres sacerdotes que iniciaban en el mes de enero el primer intento de las comunidades palotinas, la delegación irlandesa y la provincia argentina de fundación alemana, por crear un noviciado común con vistas a una posible integración de ambas comunidades. Caminos comunes para fines comunes.

Sapere, Schaub, Irigoyen, Sánchez, Toccalino, Guastavino y D'Elías, provenían de las parroquias de los palotinos alemanes, como popularmente se los conocía a pesar de haberse emancipado de la provincia fundadora de Limburgo más de cuarenta años atrás. Kelly, Killmeate y Bonafina conocían desde pequeños las comunidades de la delegación irlandesa de Mercedes y Areco.

Pronto, todos los jóvenes se vieron sorprendidos por la participación a la que eran invitados por los sacerdotes en la preparación de horarios y la diagramación de actividades, así como por el respeto que por sus opiniones sentían de parte de los mayores.

La participación, una característica palotina, habría de despertar críticas y desconfianza en algunos sectores del clero, que se reflejaron en las páginas de la hoy desaparecida revista *Esquiú*.

En el noviciado reinaba un clima de gran familia. Después de unos meses, Kevin O'Neill paso a ser el "tío", Alfie Kelly "el cabezón" o la "cabeza visible de la Iglesia", Leaden seguía siendo como siempre "el santo".

El trabajo pastoral se realizaba en Areco y otros pueblos aledaños.

Frecuentemente visitaban el lugar otros sacerdotes para exponer sobre diferentes temas que interesaban a los jóvenes: los padres Musto,

Laguna y un joven sacerdote cuyo nombre simbolizaba el Movimiento de Sacerdotes para el Tercer Mundo, Carlos Mugica.

El apostolado llevaba a los novicios palotinos a la realidad del mundo y ellos estaban ávidos de conocer los cambios por los que atravesaba la Iglesia.

La vieja casa de la calle Vieytes era testigo de ese apasionamiento juvenil. Las discusiones y charlas duraban hasta que las calles de Areco quedaban desiertas.

Los padres Kelly y Leaden, los Alfredos, proseguían con su rutina nocturna. Leaden se dedicaba a la oración y la preparación de sus tareas como maestro de novicios, Kelly, luego de la ducha, se inclinaba sobre el clásico escritorio de su dormitorio y como un ritual comenzaba una nueva página de su diario personal de tapas negras.

Alfredo Leaden

El 23 de mayo de 1919, dos tradicionales familias irlandesas, los Leaden y los Usher, festejaban la llegada de un nuevo miembro. Arribados al país en el siglo pasado, varios de los Usher habían optado por la vida religiosa. Entre ellos se destacaba monseñor Santiago M. Usher, un destacado intelectual de la Iglesia autor de una *Historia de las capellanías irlandesas en la Argentina*. A nadie sorprendió entonces cuando el adolescente Alfredo decidió seguir el ejemplo de sus parientes religiosos.

Desde chico, sus compañeros lo apodaban "el santito": su naturaleza pacífica y conciliadora sería una característica que lo acompañaría hasta el fin de sus días. Había realizado sus estudios en el colegio Clonmacnoise junto a su hermano Guillermo, que también se decidiría por el sacerdocio ingresando en la congregación salesiana y que años después sería nombrado obispo auxiliar de Buenos Aires como vicario de la zona Belgrano. Veintiocho años después de su ordenación, Alfredo volvería a su antiguo colegio, pero esta vez como maestro del nuevo noviciado.

Tras sus años de formación en Europa y su ordenación como diácono en Roma, tuvo que regresar a su país al entrar Italia en la Segunda Guerra

Mundial. Después de una peligrosa travesía marítima amenazada constantemente por las minas que se habían convertido en insólitos huéspedes del océano Atlántico, llegó al puerto de Buenos Aires. Los meses siguientes pasaron en la preparación de su ordenación sacerdotal que se llevó a cabo en el colegio Máximo de San Miguel el 19 de diciembre de 1942.

Mercedes, Rawson, Belgrano, Castelar, fueron los destinos que fueron fogueando al joven sacerdote Alfredo Leaden hasta llegar a ser el sabio consejero de la delegación irlandesa, a cargo en el año de 1970 del padre palotino Cornelio Ryan, y el hombre elegido para que las semillas palotinas dieran sus frutos en aquel noviciado.

Su amigo y compañero Kevin O'Neill lo recuerda "amable en el sentido propio de la palabra, es decir no solamente digno de amor, sino también fácil de amar, de querer, porque era un hombre capaz de una gran paz interior que se manifestaba en todas sus acciones".

Alfredo Kelly

Liza Cassey y Johnny Kelly fijaron su hogar de recién casados en un campo de la zona de Suipacha, de familias irlandesas ambos tenían origen campesino. Pronto vinieron los hijos, Ana María, Gertie, Jackie, Clemmie, Dickie. El 5 de mayo de 1933, al llegar al mundo Alfredo José, nadie dudó de que sería conocido como "Alfie".

Los hijos colaboraron desde pequeños en las tareas del campo. El fuerte temperamento de Miss Kelly no hubiera esperado otra cosa.

Los domingos por la mañana, los ocho miembros de la familia, acomodados en el Ford T, se dirigían con sus mejores galas rumbo a las iglesias palotinas de Suipacha o Mercedes. Este último destino provocaba en los más chicos una especial alegría: podrían jugar antes del tradicional pic-nic familiar en los alrededores de la estación del ferrocarril San Martín, uno de los tres que tiene la ciudad.

La visita a las iglesias y el trato con los curas irlandeses y argentinos ayudaron a gestar en Alfie Kelly la decisión que su familia tomaría con intensa alegría: entrar a la casa de formación palotina en Rawson. Los años transcurrieron en el Colegio Máximo de San Miguel, donde la formación jesuítica dejaría su marca en él a través de la dirección espiritual del padre Achával. Luego vendría Roma, donde completaría sus estudios, y finalmente, en presencia de su numerosa familia, la ansiada ordenación sacerdotal en Mercedes, en 1957.

La residencia del sacerdote de 24 años será la mercedina San Patricio. Son los tiempos de VIPOAL (Vivir por algo), un grupo de formación juvenil fundado por Kelly, en el que podrá desarrollar su facilidad para entrar en contacto con la juventud, con el pueblo. Su procedencia campesina hace que lo sientan como uno de ellos, siempre se hará tiempo para hablar de cosechas o sequías con el conocimiento de un hombre de campo. El adolescente observador y silencioso que habían recibido en Mercedes los padres Thomas Leahy y George Buckley se había transformado en el cura extravertido y campechano que aún recuerdan sus antiguos feligreses de Mercedes y Areco.

Una madrugada de 1958, la calma de la casa parroquial de la calle 12 se vio alterada por insistentes timbrazos. Un adormilado padre Kelly abrió la puerta al adolescente que, con las ropas ensangrentadas y en medio de una convulsión, le contaba que su nombre era Ernesto, que había asesinado a un capataz del campo en el que trabajaba, estaba cansado de huir y quería confesarse. Alfie recibió su confesión antes de prepararle un suculento desayuno y acompañarlo a entregarse a la justicia. Durante los años siguientes la correspondencia entre ellos fue intensa, Alfie hizo el papel de hermano mayor, lo visitó en el penal de Sierra Chica y al salir en libertad unos diez años después, lo ayudó a instalarse en La Plata. Ni siquiera el traslado en 1960 a San Antonio de Areco logró que el contacto se interrumpiera. Una vez que tomaba bajo su protección a alguien necesitado de auxilio, su compromiso era permanente.

Luis Pedro Lellis e Ignacio "Nacho" Avalo, dos chicos de humildes familias de Areco, eran conocidos como los "Protegidos de Alfie", viviendo en la casa parroquial accedieron años después a la universidad con la ayuda del padre Kelly.

Tanto el sacerdote palotino Peter Davern, compañero en la parroquia, como Isabel Mac Dermott, religiosa a cargo del colegio Sisters of

Mercy de Areco, donde Kelly asistía como capellán, lo recuerdan por su espiritualidad intensa y su solidaridad, de la que también estaba al tanto el obispo de la diócesis de San Nicolás, Carlos Ponce de León, muerto en extrañas circunstancias en 1977, con quién mantuvo una afectuosa relación, y quien también conocía la firmeza de carácter de que dio muestras al tomar la defensa de un sacerdote del clero diocesano que era criticado por la sociedad arequera tras haber abandonado los hábitos en forma precipitada por un asunto amoroso. Kelly recordó al obispo y a los feligreses con cuánta entrega se había consagrado el clérigo cuestionado y cuán fácil resultaba en ese momento juzgarlo.

Destinos

Por distintas circunstancias, siete de los novicios palotinos no concluyeron sus estudios. Sólo Killmeate, Toccalino y Schaub lo hicieron.

Irigoyen, Guastavino y D'Elías, los entrerrianos del grupo, años después de haber abandonado el seminario corrieron la suerte de muchos argentinos. Enrique Guastavino permanece desaparecido desde 1976. Daniel Irigoyen, detenido en 1975, estuvo encarcelado varios años, en la actualidad es intendente de una ciudad entrerriana. Luis D'Elías, durante el Proceso, fue detenido, juzgado y absuelto, exiliándose en Canadá.

Capítulo VII

Un cura de pueblo

Como su hermana Ana María, como su padre Johnny, Alfredo Kelly escribía su diario personal. En él relataba los distintos acontecimientos de su vida sacerdotal, pero, intercalado con esas vivencias, escribía también a una particular destinataria: la Virgen, la Madre de Cristo.

Areco, 1 de octubre de 1962.

"*Mater*, reafirmo mi 'cheque en blanco' y quiero aceptar lo que tú quieras escribir ahí, aun cuando sea mucho sufrimiento, aun si es mi propio ofrecimiento como víctima para Sch.[9] Ahora estoy ciertamente pensando que tú puedes necesitar una víctima para entrar en la Prov. Irlandesa. [...] Yo tengo un cierto pensamiento de que tú puedes estar pidiendo mi ofrecimiento como víctima y yo suelo decirles a otros que ese solo pensamiento o inquietud, es una señal del llamado de Dios. Y también aconsejo que cuiden 'esa semilla' y hagan lo posible porque crezca. No puedo menos que aplicar esto mismo a mi caso presente. Yo no me adelanto a ofrecerme porque eso es algo muy serio y sé que tú me tomarás en serio. Prefiero dejarlo madurar bien y tener dirección en esto. Pero si quiero cultivar, cuidar eso que pueda ser una semilla de una vocación a víctima, y también quiero recordar y meter bien en mi cabeza que si esa es mi vocación eso me hará realmente feliz. Aunque parezca mentira, *Mater*, en este momento estoy de tal modo que hasta podría pedirte me dieras vocación para víctima para Sch. Aun cuando sigo con tanto miedo como siempre al dolor y al sacrificio, aún cuando no me guste sufrir".

[9] Schoenstatt: movimiento de devoción a la Virgen María fundado por el sacerdote palotino Joseph Kentevich. Abreviado en el original del diario de Alfie Kelly (N. del A.).

En una publicación bimensual de San Antonio de Areco, *La Gazeta*, el padre Kelly escribió los siguientes artículos, que fueron publicados en los meses de febrero a octubre de 1968 para la columna "Enfoques":

¿De quién es la culpa?

"Oímos a menudo quejas de que 'no se hace nada' en orden al progreso de la comunidad.

No mediremos el grado de verdad de esta afirmación, pero si aceptamos que los progresos reales no corresponden ni a las reservas humanas y materiales de que disponemos ni a las grandes cuotas de buena voluntad que se vuelcan hacia esfuerzos comunitarios, ni menos aun a las repetidas declamaciones de todo lo que 'se va a hacer', ¿a qué se debe?

Creemos que, en gran parte, a que no hemos aprendido a trabajar en 'equipo' apoyándonos unos a otros, sino que insistimos en los pequeños esfuerzos, en los planes predilectos, en obtener un poco de gloria o ventaja personal.

Y consideramos que las culpas se hallan repartidas; a todos nos falta la medida de generosidad que se requiere para darnos a los demás. En los que tienen la posición o el carácter de dirigentes se nota, con demasiada frecuencia, un olvido de que, por el hecho de estar un poco más arriba, no se es dueño de la verdad. Se ganaría mucho si se tuviera en cuenta que el más humilde de los hombres puede aportar una solución, o al menos ilustrar, al más esclarecido dirigente. Asimismo, se olvida que los mejores y más soñados planes pueden ser corregidos; más aún, pueden resultar hermosas ilusiones...

La parte de culpa de aquellos que no se consideran dirigentes puede consistir en algunas de las siguientes actitudes: desconfianza sistemática hacia 'los de arriba'; aferrarse a sus ideas y preferir no hacer nada antes que colaborar con el plan que otro concibió: quedarse 'muy cómodo' y dedicarse exclusivamente a 'sus cosas'. Finalmente, parecería que el hombre común tuviera un cierto deseo de ser 'mandado', 'acaudillado'; es que no es tan fácil tener que pensar, enfrentar otras opiniones, resolver... ¡Cuántas veces comprobamos la angustia que provocamos al dejar al individuo la responsabilidad última de su decisión! Mientras tanto, no hacemos esfuerzos auténticamente comunitarios y, por lo tanto, 'no se hace nada'."

Febrero-marzo de 1968.

Figurar

"Figurar... ¿Qué quiere decir esto? En el sentido en que lo empleamos aquí quiere decir 'ser considerado alguien', contar con un lugar destacado en la sociedad. Algo así como si la vida fuera el escenario de un teatro donde hay actores con papeles importantes y otros que pasan casi desapercibidos.

Hay personas que tienen ansias de figurar, un querer que todos los vean. Esto se manifiesta en diversas formas. El ingenio humano se las arregla para buscar variadas formas de figuración: ostentación de riquezas, de cultura, de inteligencia, cerrarse dentro de cierto círculo social con desprecio de los demás...

El deseo de mandar, de que se le obedezca, o de que su palabra se siga ciegamente, puede ser una forma también de buscar figuración. Así mismo el trabajar en determinadas obras con el deseo de que se le reconozca 'su obra' con bombos y platillos. Este deseo de figuración es algo bastante difundido en estos tiempos. Procede del vicio más viejo y más hondamente arraigado en el corazón humano: el orgullo. En este caso manifiesta lo que llamamos.'vanidad', la cual no lleva a obrar con inteligencia.

Si el mundo o la pequeña sociedad en que vivimos fuera un escenario donde bastara 'ocupar' un lugar importante para 'ser' importante... bueno, no estaría bien desear ocupar ese lugar, pero al menos el orgullo podría darse por bien pagado. Pero el mundo no es un teatro ni nuestra vida una 'actuación'. El mundo, según nuestro modo de ver, es una obra de Dios, 'a medio hacer', pues el hombre tiene que dominarlo, llevarlo a una siempre mayor perfección. Por eso decimos que no nos toca una actuación sino una obra, una realización. Esta bien puede ser desconocida, escondida, como lo es el trabajo del apuntador o aun del director, en el teatro.

El ansia que nos debe impulsar no es la de 'ser considerado alguien', sino de 'ser alguien'. Ansiamos desempeñar nuestro rol, ilustre u oscuro, que nos toca en la vida, con sinceridad, con sencillez, auténticamente, deseando perfeccionarnos, no para brillar más sino para ser mejores. Pues valemos por lo que nosotros mismos somos, no por el lugar que ocupamos en nuestra opinión o en la de otros".

Abril-mayo de 1968.

Optimismo y Pesimismo

"¿Qué significa una actitud optimista o pesimista? Entiendo que optimismo es ver la vida con esperanza, con cierta confianza de que no todo, ni lo más importante en ella, es negativo, malo. Creo que es propio del optimismo el ver antes el buen aspecto de las cosas y de las personas, que el malo y, por supuesto, alegrarse de los buenos.

Y bien, en ese sentido se me ocurre que mucha gente se inclina por el pesimismo, por lo malo de la vida y de la gente.

Todos los días y en todas partes suceden cosas positivas, buenas, alegres, pero los grandes titulares de los medios de información se ocupan de lo trágico, lo negativo, lo escandaloso. ¿Por qué? Porque es lo que la multitud 'consume' con más ansias. En un pueblo, una mala noticia se consume con rapidez. Igualmente un escándalo, una mala acción, corre de boca en boca inmediatamente. Pero una buena acción pasa desapercibida. No es lo más común que las tertulias estén animadas por los comentarios sobre las virtudes y las buenas acciones de los ausentes. Una conducta irreprochable de años parece no importar tanto como un desvío o un error, aunque sea momentáneo. Así, lamentablemente, pasan desapercibidas vidas enteras que nos alentarían y harían confiar más en nosotros mismos y en los demás. Por ejemplo, el padre de familia que atraviesa silenciosamente un apremio económico, pero no echa mano de medios deshonestos. La esposa que sabe adaptarse a esta circunstancia y aliviarla, etc.

Además, no hay duda de que hay una legión de personas que llevan a la práctica aquello de 'Cuando des limosna (y para el caso cualquier otra obra buena), que tu mano izquierda ignore lo que hace tu derecha'. Cuántas veces nos hemos enterado de verdaderos prodigios de honestidad o generosidad, conservados en secreto. Sí, indudablemente muchos se inclinan más a recoger el mal y 'masticarlo' que a mirar, siquiera, el bien y ser optimistas. Pienso que las notas negativas son como los narcóticos o las drogas: no se sabe por qué, pero se las consume ávidamente aunque sean nocivas.

Afortunadamente, hay también muchos que saben descubrir lo bueno, confiar, y vivir más alegres.

Seamos optimistas: hay mucho de bueno que ver y creo que un poco de bien va más lejos, a la larga, que mucho mal...".

Junio-julio de 1968.

Libertad y Esclavitud

"'Nunca ha tenido el hombre un sentido tan agudo de su libertad, y entretanto surgen nuevas formas de esclavitud social y sicológica...' dice el concilio Vaticano II al describir la situación del hombre en el mundo actual.

Nos hace pensar... ¿Qué es 'esclavitud sicológica'? Diría que es una desesperación por mantener o conseguir aquello que esclaviza, como el fumador ante el cigarrillo.

Hay esclavos de su prestigio: quienes hacen cualquier cosa por adquirir o mantener el mismo. Entre estos están los que cuidan detalles externos que ellos consideran que hacen a su prestigio social: la vestimenta, el automóvil o la casa lujosa; las relaciones sociales con determinado círculo de la sociedad y, para ello, la pertenencia a determinados clubes, etc.; el uso de ciertas cosas que ellos consideran aptas para conseguir *status*. No todos los que hacen tales cosas son esclavos del prestigio, por supuesto, pero los que lo son, a la vez que buscan prestigiarse de este modo, no pagan sus deudas o lo hacen después de haber 'hecho sufrir' al acreedor durante largo tiempo; pagan míseros sueldos a los que dependen de ellos, no tienen escrúpulos en cometer atropellos o injusticias si estas permanecen más o menos ocultas. Desde ya que si ayudan a alguna obra de bien lo hacen pomposamente, aunque generalmente no dan sino un mínimo de lo que su supuesto *status* elegiría. En otras palabras, como son esclavos del prestigio lo quieren obtener a toda costa, también a costa de lo ajeno, de lo que deben.

Otros son esclavos del orgullo o amor propio; prefieren errar y luego tratar de cubrir sus errores antes que consultar a otros. Olvidan que el diálogo es necesario para que nosotros mismos aprendamos. Son aquellos que el lenguaje común denomina 'pagados de sí'. Por sobre todas las esclavitudes está la del dinero, ese elemento que nos puede liberar de tantas cosas amargas pero, si nos descuidamos, lo hace haciéndonos esclavos suyos. Indudablemente, hay esclavitudes sicológicas. Observémonos: si somos esclavos de algo, sea del prestigio, del dinero, del orgullo, de nuestra propia opinión, o de lo que sea, no desesperemos; valoremos lo que vale y despreciemos, en serio, lo que nos esclaviza.

Octubre de 1968.

P. Alfredo Kelly.

P. Pedro Dufau.

Capítulo VIII

San Patricio en Belgrano
Primavera de 1975

Diario de Alfie

1º de setiembre.

Estuvimos de festejo, Salvador hoy cumplió 29 años, se lo ve muy feliz...

Llamó Ana María, mamá le pidió que me recordara que el 5 es el cumpleaños de Dickie, cinco años ya desde que se casó con Tessie Garrahan, cuando todos pensaban que iba para solterón, a pesar del éxito con las mujeres del pueblo. Pero Dios tenía otros planes para mi hermano y Tessie también. Si todo va bien por acá, por la tarde estaré comiendo *pudding* en Mercedes.

26 de setiembre.

Parece que siguen las quejas sobre mí en el barrio, algunos me cuentan que la gente acostumbrada al padre Dufau está dejando de venir cuando soy yo el que celebra, que mis sermones son muy políticos. Pero todo esto es normal en cierta medida, cuando se acostumbran a un párroco y viene uno de afuera y encima del campo; ya pasaron dos años de mi llegada pero se ve que a los conservadores mis sermones les siguen pareciendo un poco fuertes, sobre todo los que tienen que ver con la injusticia social.

Desde adentro también acusan que soy blando con los seminaristas, que son ingobernables y nacionalistas por mi culpa. Lo de la tapa de Perón en la revista *Encuentro*, la discrepancia política entre Emilio y

Salvador que transforma una publicación palotina en una revista de barricada. Me dijo Jorge que hubo amenazas por teléfono. Señor, ¡cuántas presiones! Emilio subió hace un rato la correspondencia. El sobre del obispado de Mar del Plata me llenó de alegría, ¡qué gentileza la de monseñor Pironio al contestar tan rápido mi carta de felicitación por su designación en el Vaticano! Mañana temprano le envío la contestación.

"...Pero para Ud. pienso que su designación significa un nuevo llamado de Dios, una nueva vocación, con todo lo que eso implica. La explicitación de aquella vocación respondida al entrar al Seminario, quizás, de servir a Dios y a la Iglesia. Y como respuesta, el llamado de Dios significará todo eso que en los jóvenes vemos como lucha vocacional; despojo de cosas lindas y muy queridas; un 'sal de tu tierra'...

...lleno de incertidumbre humana, apoyado en la fe de un Padre que llama: Pequeñez frente a una tarea demasiado grande, desproporcionada a sus fuerzas y su capacidad. Me lo veo muy reflejado en Jeremías, su vocación en el Cap.1, y en toda esa exigencia que fue su vida, de confianza en el Padre, que llama, que exige cosas difíciles, desproporcionadas, hasta a veces, sin sentido, pero con toda ternura de Padre, le dice 'No temas... yo estaré contigo'.

Una y mil veces habrá experimentado Ud. este paso, esa incertidumbre y hasta dolor oscuro, para después descubrir que efectivamente, Dios estaba allí e hizo dulces todas las cosas. Sin embargo me he permitido recordárselo, 'conversarlo', porque creo que siempre viene bien que a uno se lo digan. Y porque me imagino que en su nuevo cargo muchas veces tendrá que responder así al Señor, porque irá abriendo camino en una Iglesia que no se estanca en moldes prefijados, porque Ud. es un hombre que se deja conducir por el Espíritu. Como en la carta anterior, es un simple decir 'presente' de amigo y un decirle que, precisamente porque comprendo lo sublime de este momento, mi oración estará siempre muy presente para Ud.

Y quiero que no sea una simple casualidad el que estas líneas las esté escribiendo en la fiesta de nuestra querida Madre, nada menos que en su advocación de Mercedes. Mi oración va siempre muy unida a Ella.

68

Querido Padre: no quiero extenderme más. Que Dios le bendiga, haga suave este paso que le pide dar y muy fecundo su trabajo en Roma.

Un abrazo afectuoso y fraternal.

Alfredo J. Kelly".

17 de octubre, 18 hs.

Algunos jóvenes del Ateneo de la juventud, seminaristas y sacerdotes coincidían en la cocina entre mates y tazas de té.

- ¿Consiguieron más bolsas para el campamento?

- Un primo mío me presta unas.

- Que no sean de verano como la otra vez, vamos a Bariloche, no a Santiago del Estero.

- Estas masitas están húmedas, podrían haber traído facturas.

- No sé de donde, si los panaderos están de huelga desde hace tres días.

- Che... ¡qué quilombo! todos los días hay una diferente.

- ¿Qué querés, si la gente se está cagando de hambre? Dejá por lo menos que protesten.

- Perdón, pero ¿este no era un gobierno popular?

- ¡Las pelotas, popular! Si hasta monseñor Zaspe defendió en Santa Fe el derecho de huelga.

- Hay cosas en las que la Iglesia no debería meterse, después pasa lo de Mugica.

- Entonces también estás en contra del Papa. Hace dos días Paulo VI condenó la persecución a los católicos, supongo que para vos eso es meterse en política.

- ¡No te hagas ilusiones Emilio!, hablaba de los católicos polacos perseguidos por el comunismo.

- Acá también se persigue a los cristianos...

- Serán marxistas infiltrados.

- Decíselo al Papa. La semana que viene recibe a un grupo de sindicalistas argentinos, los de...

- Le irán a pedir una estampita de san Cayetano.

- Si vos lo decís...¿Qué tal, Alfredo?

69

-Se acabaron las puteadas. Llegó Leaden.

-Padre Alfredo, si va a hacerse un té el agua está caliente todavía.

-Che Alfie, ¿van a mandar más curas de Irlanda?

-Parece que sí, pero pregúntenle al superior, ¿no, Alfredo?

-Hay uno que quiere venir, se ordena en junio. Falta todavía.

-¿Cómo se llama?

-O'Donnell.

-¿Es de Dublín?

-No, de Limerick.

-¿Y eso dónde queda?

-Cerca, en Irlanda todo queda cerca.

-¿No es ahí donde secuestraron a ese empresario holandés? Her... no sé qué...

-Herrema, sí, es ahí.

-Lo quieren canjear por tres tipos del I.R.A. Amenazaron con cortarle un pie.

-O la mano. ¡Che, qué bestias! Menos mal que los salvajes somos nosotros.

-¡No vas a comparar! Irlanda hace siete siglos que está ocupada por un ejército enemigo.

-¿Y nosotros qué, Alfredo? ¿O piensa que el nuestro es amigo?

-No es lo mismo.

-¡Ud. porque es irlandés!

-¿Tu papá es italiano, no?

-¿Y eso qué tiene que ver?

-¡Que entonces tengo más sangre argentina que vos!

-Tiene razón el padre, en todos lados hay lío. En el Líbano siguen a los tiros, en Portugal...

-¿Para qué ir tan lejos?

-Por eso digo...

-Hoy el ministro del Interior dijo que se está preparando un golpe de estado...

-¡No, boludo!... que hay clima de golpe, eso dijo.

-Es lo mismo, acá cuando hay clima hay golpe... Pasame el azúcar.

-Sí, pero la gente llenó la Plaza de Mayo para festejar el Día de la Lealtad.

-¡Qué Día de la Lealtad!, llenaron los ómnibus con obreros que con tal de no trabajar hoy...

-Ni mañana, mañana es San Perón, no se trabaja.

-Eso era en otra época.

-¿Te parece? Los colegios obligados a no dar clase por una fiesta partidaria. ¡Mirá qué lindo!

-¡No es para tanto!

-En cuanto nos descuidemos nos enchufan *La razón de mi vida* como lectura obligatoria otra vez.

-¡Cura, para ser gorila!

-Y decís que las cosas cambiaron, ustedes siempre lo arreglaron todo de la misma forma: a la menor crítica te ponen el cartelito de "gorila" o "contrera".

-Está bien Pedro, lo que pasa es que todavía no se le pasó la bronca por lo del otro día...

-Esperen, que el padre Alfredo no sabe nada. Fue una simple broma por el cumpleaños de Pedro, cuando entró a desayunar lo recibimos con la marcha peronista de fondo.

-¡También ustedes!

-Realmente, si sabían que lo iba a tomar a mal, ahora no se quejen si se siente ofendido.

-Vamos Alfie, que vos también estabas...

-Bueno, pero yo no cantaba...

-Eso sí que hubiera sido ofensivo... Dios no te dotó del mejor de los oídos, precisamente.

-A ver, Pedro, si nos perdona...

-Se nota que a ustedes no los metieron presos por llevar sotana.

-Hay que ver qué llevaban bajo la sotana...

-¿Qué?

-Que los curas apoyaron a la "Revolución Libertadora", Pedro, no se olvide.

-¡Basta, por favor! ¿Qué decías del golpe?

-No, nada... El gobernador de La Rioja dice que no va a pasar nada.

-¿Qué gobernador?

-El de las patillas, Alfie. El que habló en el velatorio de Perón.

-¡Ah!... bueno, él debe saber. ¿Es cierto que balearon la Vucetich?

-Sí, salió en los diarios de ayer. A propósito, ¿en donde metieron *La Nación*?

-Los canillitas no trabajan el 17 de octubre.

-¡No les digo!...

-Bueno... mejor, menos malas noticias para sufrir.

-La gente cada vez está con más bronca. Van a devaluar el peso por octava vez en el año. ¿A vos te parece?

-Bueno... ahora que Isabel volvió de la licencia en Córdoba.

-Sí..., ahora va a ser peor. Por lo menos Luder puso un poco de orden...

-¿Dejando que se metan los milicos otra vez?

-Bueno... así tampoco se podía estar, era un despelote.

-¿Era?... Mejor calentá la pava, el mate está frío.

-¡Qué presidenta que nos echamos!

-A mí no me digas nada. Yo no los voté. ¡Y se dice la presidente, no la presidenta, animal!

-En casa también la llamamos así.

-¿La presidente?

-No... la animal.

-¿Conocen el último? ¿En qué se parece Isabel a una almacenera? ¿No? En que tiene los salames en la Plaza, los quesos en la C.G.T. y los fiambres en la quinta de Olivos.

-¡Che, qué humor negro! Menos mal que están los salames en la Plaza, ¿o querés que vuelvan los milicos?

-Con o sin salames, si esto sigue así, vuelven seguro.

-¡Che Emilio! Vamos al teatro el domingo que viene, ¿te prendés?

-No puedo, es el Día de la Madre. Me voy para Areco. ¿Qué van a ver?

-"La cocina", una obra de Wesker.

-¡Qué lástima, me hubiera gustado! Con Salva hablamos de ir a escuchar a María Elena Walsh en "Canciones contra el mal de ojo", pero no me dio el tiempo. Entre la catequesis y el estudio...

-...y el peronismo...

-Gracias, Alfie, por recordármelo.

-Padre Alfredo, estarán contentos los irlandeses con lo del nuevo santo.

-¿Con qué? Ah... sí, Oliver Plunkett

-¿Qué hizo?

-Era el primado de Irlanda durante la restauración de los Estuardo. Predicaba la reconciliación en tiempos de violencia. Entonces los protestantes lo acusaron de encabezar un complot "papista" junto con los jesuitas. ¿Qué decís, Alfie?

-La historia de siempre, la eliminación del que cuestiona, del que no es cómplice con su silencio. Fue sentenciado a ser ahorcado, decapitado y descuartizado en...

-¿Nada más?

-...en el puente de Tyburn.

-Parece el padre O'Neill.

-Ojalá. Bueno, por eso Pablo VI lo canonizó.

-Debe ser milagroso.

-¿Por qué?

-Ya empezó a hacer milagros. Irlanda del Sur dispuso la liberación de ochenta y tres presos políticos. Salió en el *Clarín*.

-No sabía nada.

-¡Qué vas a saber! Si acá son aristócratas, leen *La Nación* y ese diario en inglés...

-Sí, unos aristócratas bárbaros. Uso un auto casi prehistórico.

-En serio..., podrías cambiar el Citroën! ¿Viste el auto del cura de la...?

-Será una donación.

-¡Qué donación! Eso dicen todos.

-No tengo tiempo para ocuparme de los chismes de mis colegas. Hay días en que vuelvo tan tarde del seminario Juan XXIII que me duermo en la mesa.

-¿Mucho laburo?

-No sólo ahí, también en la parroquia, y voy a tener que estar más tiempo en el Colegio Pallotti.

-Eso pasa cuando uno anda metiendo la nariz por todos lados.

-Pedro... ¡por favor!

-¡Epa, epa!, nunca los vi discutir, no en público al menos.

-Nadie está discutiendo. Alfredo, ¿me dijiste que el domingo vas al Colón?

-Si puedo arreglar todo lo que tengo que hacer. Los Boyle me invitaron a ver "El martirio de san Esteban" de Debussy. Me dijeron que es una maravilla, vamos con un violinista alemán que está de visita.

-¡Qué conversación más burguesa! Con sus amigos..., con un palco en el Colón...

-En vez de criticar tanto, podrían interesarse en la música clásica.

-Prefiero el bombo.

-Si la ve a Isabel en el palco presidencial, mándele nuestros respetos.

-No pensé que le gustara ese tipo de música.

-Va a la función de la rusa esa..., la Plissetskaya.

-Y esa yegua, como está al país, todavía va al teatro... Hay que ser...

-Chicos, por favor. Es una pobre mujer ¿Por qué no puede ir al teatro?

-Tiene razón Alfredo. Lincoln también fue al teatro...; mejor ¡que se distraiga!, dejen que vaya al teatro.

-¡Muy gracioso! Mejor sería que... ¿qué es ese ruido?

-Los bombos, Alfie...; ¿qué van a ser? Los "muchachos" que vuelven de la Plaza.

74

Domingo 19 de octubre.

Señor, dame una señal que me diga que he tomado el camino correcto, siento incertidumbre, si hablo de la violencia de la guerrilla, a muchos jóvenes les parezco de derecha, si condeno la violencia de este signo, me acusan de lo contrario. Todo es presión.

¿Qué es lo que me pides, Señor?

¿Es la canonización de Plunkett, la manera de decirnos que tenemos que estar junto al oprimido, al que sufre?

Concédeme el escoger el justo medio. Que tu palabra llegue a todos.

La misa estuvo bien, algunas personas me esperaron para criticar el sermón, otras para aconsejarme "que baje el tono" de las homilías, que el barrio no es el más seguro para que hable así, que viviendo tan cerca el señor D. debería cuidarme más.

Hoy tuve una agarrada con el padre Dufau, a veces pareciera que me pone a la gente en contra. Debo hablar con Alfredo sobre este tema, quise hacerlo después de la misa vespertina pero la invitación al Colón lo tenía tan contento que no hablaba de otra cosa que del violinista André Deloi y de la obra de Debussy.

Martes 2 de diciembre.

Ya está decidido, Rodolfo Capalozza se incorpora a nuestro seminario el próximo 17 de marzo, día de san Patricio, no puede haber mejor augurio. Qué hora se ha hecho, y todavía no preparé la carta para la comisaría, voy a tener que encargar más papel con membrete de la parroquia.

"Sr.Comisario
Comisaría 37a.
Capital.

De mi consideración:

En mi condición de párroco de esta parroquia de San Patricio, me dirijo a Ud. con el fin de solicitar la autorización pertinente y la vigilancia adecuada para un Encuentro Navideño que esta parroquia desea programar.

Tendrá lugar el mismo, el día viernes 19 del corriente a partir de las 20.30 y hasta las 24 hs. Como deseamos hacerla al aire libre, hemos pensado en realizarla en la plaza Zapiola, sita entre las calles Donado, Acha, Echeverría y Juramento.

Dicho Encuentro Navideño consistiría en una serie de encuentros, canciones, villancicos, etc., como también algunas escenificaciones de motivos alusivos a esta fecha cristiana. Además intercalaremos los diversos actos con oraciones a Dios nuestro Señor.

Todo está motivado por el interés de reavivar el recuerdo de esta fecha tan importante para nuestro pueblo, y ofrecer así a los habitantes de nuestra parroquia la oportunidad de reunirse en torno al Salvador que nace.

Los diversos números serán desarrollados por conjuntos aficionados, los grupos y asociaciones parroquiales.

Sin más y contando con su pronta respuesta, aprovecho para desear a Ud. y al personal a su cargo, muy felices fiestas.

Atte.

Alfredo J. Kelly
Párroco"

¿Cómo se llamaba? Fensore, creo que el comisario se llamaba Fensore, el policía que siempre nos pide una propina dijo que se llamaba así. Si no tiene problemas con el Encuentro Navideño, más adelante quizás autorice nuestro próximo Vía Crucis. Veremos.

Salvador Barbeito.

Emilio Barletti.

Capítulo IX

Encuentro

La comunidad

El padre Pedro

La vida del pequeño Pedro Dufau no había sido fácil en sus primeros nueve años de vida. Sus padres murieron tempranamente y él y su hermana pasaron a vivir con la abuela paterna. Viviendo con ella, el niño se acostumbró al trabajo, al silencio. Su introversión llamó la atención del padre Thomas O'Grady quien vio en Pedro, su alumno en el colegio de Mercedes, condiciones ideales para entrar en el seminario palotino. Allí Pedro Dufau descubrió su gusto por los deportes, destacándose en fútbol y paleta. En sus últimos años de estudio viajó a Irlanda, al seminario de Thurles. Volvió al país para su ordenación en Mercedes en 1935. En su larga vida sacerdotal tuvo como destinos la mayoría de las parroquias palotinas.

Cuando en 1973 llegaron a San Patricio de Belgrano el padre Kelly y los seminaristas procedentes de Brasil para instalar allí el seminario, Dufau vio trastornada su forma de llevar la parroquia. Años antes había formado un grupo de asistencia al servicio doméstico y se había hecho cargo del Colegio Pallotti, adyacente a la parroquia.

Con la llegada de Kelly arribaban también los nuevos aires posconciliares, a los que el conservador Dufau se fue adaptando con dificultad. El anterior párroco de San Patricio fue eclipsado por la carismática personalidad del padre Kelly, especialmente entre los jóvenes que concurrían a la parroquia.

Salvador

Kevin O'Neill, de visita en San Patricio, se dirigía a la cocina en busca de una taza de té. Salvador Barbeito terminaba otra reunión con sus compañeros del San Marón. En el pasillo tropezó con el silencioso O'Neill. El sacerdote sonrió pícaramente.

-¿Cómo estás, "Jamás"?

Salvador devolvió la sonrisa ante esa íntima broma. Años atrás, cuando ya había salido del seminario de Devoto "para tomar un poco de aire", había conocido al padre O'Neill en una de esas reuniones que Salva organizaba tan bien. Kevin, eterno buscador de vocaciones palotinas, lo observó en silencio antes de preguntarle:

- ¿No te gustaría entrar con nosotros?

Sorprendido y ruborizado, contestó:

-¿Yo palotino? Jamás.

Desde entonces, en sus esporádicos encuentros, el sacerdote acostumbraba a llamarlo así.

"El gallego" Salva, Salvador Barbeito, llegó a la Argentina en brazos de sus padres provenientes de Galicia.

Su vocación sacerdotal se había hecho evidente en la niñez. Con galaica porfía consiguió una beca para el seminario menor.

Profesor de psicología y filosofía, entró al colegio de la comunidad libanesa maronita para cumplir con una suplencia. Su capacidad de trabajo hizo que con 27 años se lo nombrara rector del colegio secundario y desde entonces la relación entre el San Marón y San Patricio se fue estrechando: Rodolfo Capalozza en la secretaría, Emilio Barletti y Jorge Kelly en la catequesis. Allí se sucedían reuniones de preparación de campamentos, adolescentes con problemas que encontraban en el grupo que Salvador dirigía, el Ateneo de la Juventud, una segunda casa donde el joven rector se hacía tiempo para escucharlos.

Rodolfo, Miguel y Jorge

Tres de los seminaristas de San Patricio habían llegado a la parroquia de muy diferentes maneras. Jorge Kelly, sin parentesco con el padre Alfie, conocía a los palotinos desde su niñez mercedina y había ingresado ya en 1970 al seminario de San Antonio de Areco. Luego de su paso por el seminario de Brasil volvió, junto a Bob Killmeate, cuando la casa de formación se estableció en la parroquia de Belgrano en 1973.

Salvador y Rodolfo Capalozza se conocieron en la Iglesia de la Natividad de María Santísima. Rodolfo, el benjamín de San Patricio con 20 años, resolvió incorporarse al seminario donde su amigo había retomado sus estudios sacerdotales. Participando en el Ateneo de la Juventud se fue relacionando con los padres Leaden y Kelly a través de charlas en las que fue descubriendo el carisma palotino.

Miguel Ángel Robledo se incorporó a la comunidad religiosa unos meses antes. Proveniente de la Escuela de Policía Juan Vucetich, su credencial n° 195 quedaba archivada en el fondo de un cajón.

Emilio

Cuando cumplió diecisiete años, el toledano Felipe Hernández dejó España siguiendo el camino de miles de emigrantes. Al llegar al puerto de Buenos Aires tomó su última moneda: quería iniciar una nueva vida en América, poder decir que había empezado sin nada. Decidido, tomó el hispano real que concluyó su travesía arrojada en las fangosas aguas del Río de la Plata.

Pasaron años intensos de trabajo, envió por su madre, se forjó una sólida posición económica y, llegado el momento de bautizar la quinta en la que se instalaría con su esposa, recordó aquella moneda. "El Real", en las afueras de San Antonio de Areco, fue el lugar donde el nieto de Felipe Hernández transcurrió su infancia.

José Emilio Barletti nació el 22 de noviembre de 1952, perdió a su padre a los dos años y a partir de allí vivió junto a su madre Elida, para todos Ñata, su hermano Gastón y sus abuelos maternos.

El abuelo Felipe se convirtió pronto en la protectora figura paterna que Emilio necesitaba.

Generoso con sus compañeros, popular por ser de los que "dejaban copiarse", su esbelta figura, el aire distraído y sus rulos provocaban que las chicas del pueblo "estuviéramos muertas por él", como recuerdan hoy muchas mujeres en Areco.

Sensible a los problemas sociales, su madre rememora las veces que dejaba sus propias pertenencias a alguien que las necesitaba.

Por su parentesco con un político radical de Areco, trabajó durante algún tiempo en Renovación y Cambio, el movimiento dirigido por Raúl Alfonsín. Envuelto en la euforia juvenil provocada por el regreso de Perón, comenzó a militar en la Juventud Peronista. En ella Emilio se destacó por el fervor con que asumió sus tareas: visitas a barrios humildes, juntar dinero a través de asados y rifas para la construcción de puestos sanitarios, la edición de la publicación *17 de noviembre*, desde la cual, junto a sus compañeros, se enfrentó con el frigorífico del pueblo que arrojaba sus desperdicios al río, contaminándolo.

Desde 1971, sus actividades comenzaron a ser de fin de semana, cada vez que sus estudios de derecho en la Universidad Católica Argentina de Buenos Aires se lo permitían. Faltándole sólo cinco materias para su graduación, Emilio Barletti ingresó al seminario palotino en 1975. Un año antes había comenzado su trabajo asistencial en las villas de la zona sur.

La revista palotina *Encuentro* era justamente eso, un punto de encuentro de diferentes pensamientos, un lugar donde Emilio, Salvador y otros jóvenes encontraron la posibilidad de expresarse, de disentir sin censura.

Fundada en 1970 en San Antonio de Areco por Kevin O'Neill y Alfredo Kelly, laicos y sacerdotes le han dado vida desde entonces.

La conducta del cristiano y la política

Por Emilio Barletti

La política es la expresión más alta de la caridad, luego de la religión misma.

"Es este un tema que está en casi todas las discusiones dentro y fuera de la Iglesia, y sobre el cual existe una diversidad grande de matices para establecer el porqué y el cómo y el dónde de esta relación entre los cristianos y lo político.

Para analizar esta relación es necesario, primero, conocer el significado de los términos, para partir de una base segura.

En una perspectiva aristotélico-tomista, podríamos decir con Maritain[10] que la política es 'simplemente la actividad y reflexión para tener y usar el poder en una sociedad de tipo estatal'; se refiere, pues, netamente al poder, la decisión que afecta a la formación, la vida, la existencia, y las condiciones de un conglomerado del mundo, de una nación.

Veamos también, la perspectiva política desde el aporte de la Revelación y de la conciencia de comunidad cristiana: ¿qué actitud tiene Cristo frente a la realidad política de Israel?

Toma distancia del mundo político (no significa que lo rechace o lo considere algo impuro), va a señalar que su mesianismo no es directamente de índole política, de un liberador que iba a restablecer la grandeza del reino de Israel ni subvertir la tutela romana.

Es que Cristo se niega a asumir una jefatura directamente política porque su misión es más amplia y más profunda, va a abarcar a toda la humanidad. Cristo muriendo en la cruz carga sobre sí el pecado del

---

[10] Jacques Maritain, filósofo católico de gran influencia hasta pasados mediados de siglo, tanto en el campo de la gnoseología, la lógica y la estética como, fundamentalmente, la historia de la filosofía y la filosofía social y política (N. del A.).

mundo, y éste le descarga toda la violencia del pecado, de tal manera que Cristo la trasciende, y al dar la vida por los hombres instaura e inicia dentro de la historia un nuevo tipo de comunidad y de relación del hombre con Dios y del hombre con el hombre.

En este hecho está la verdadera liberación de Cristo; la cual no se limita al campo político, pero que también lo abarca trascendiéndolo, pues es una liberación total del mal, del dolor, del pecado y de la opresión.

Hay tres grandes vías que ligan a la política con esta liberación integral: la primera es la caridad y, como dijera el P. Casabó, es la fundamental. Si el cristiano está movido a preocuparse por los problemas políticos y a intervenir necesariamente en ellos, lo hace impulsado por la caridad de Cristo. Porque si Cristo exige una conversión, un paso de la actitud egocéntrica a la actitud comunitaria, eso significa que mi actitud con 'el otro' se centra en la necesidad del otro para poder ser y a eso se refiere la justicia, que es la segunda vía.

Por eso la disyuntiva entre caridad y justicia es absurda, el primer deber de la caridad es la Justicia. Por consiguiente, este querer el bien del prójimo implica el preocuparse si tiene para comer, una habitación digna, si tiene posibilidades de educación, si está marginado de las decisiones, si es instrumento o es explotado por otro.

Es evidente que dentro de la sociedad actual uno no puede preocuparse sinceramente del bien del prójimo sin toparse continuamente con el ámbito político, y que la mayor parte de estos problemas debe ser resuelto en ese ámbito, puesto que el mantenimiento de los hombres en la desnutrición, la ignorancia, la explotación y la dependencia son consecuencias de una determinada estructura política.

Concluyendo, el cristiano impulsado por la caridad debe involucrarse en el quehacer político porque si no su caridad no es sincera ni eficaz. Esto no significa que todos tengan que intervenir necesariamente en la organización política (el apoliticismo es una forma de connivencia con el régimen establecido).

Y a Pío XI decía que el dominio de la política es el campo de la caridad, que la caridad lleva a ella; y Domenach decía que si bien el Evangelio no contiene indicaciones para una política determinada, se encuentra en todo el Evangelio la exigencia política por excelencia en el modo mismo en que los preceptos de la caridad nos han sido enseñados, no en abstracto, sino como una praxis, y esta es la tercera vía: alimentar a los pobres, compartir con ellos los bienes, tomar el contenido de una praxis concreta en la marcha del pueblo hacia su liberación".

Emilio Barletti,
revista *Encuentro*, N° 25,
mayo de 1975.

Comentario a la reforma constitucional

"En estos días aparece con bastante insistencia en los medios periodísticos la cuestión de la reforma constitucional, y pese a que se ha escrito mucho sobre esto, no se tiene en claro el porqué y el cómo de la reforma.

Con respecto a lo primero, es indudable que la Constitución de 1853, con sus posteriores ajustes de 1860, no responde a las instituciones ni al marco social de hoy; es decir que gran parte de la actividad política transita hoy día por canales que no son las instituciones estrictamente previstas en la Constitución, por ejemplo la incidencia decisiva en el plano de consulta ejecutiva (función que en el esquema liberal de 1853 cumplía estrictamente el Parlamento) que tienen organismos de asociaciones laborales: CGT, profesionales, CGE y participación de los partidos.

Pero si bien existen estos y otros argumentos para realizar una reforma constitucional, bien distintos de estos parecen ser los fines últimos del gobierno, y peor aún los métodos para ejecutarla.

Con respecto a los fines esgrimidos por el oficialismo en los esbozos presentados por la comisión del FREJULI, en Asuntos constitucionales, presidido por Cornejo Linares, hacen aparecer una Constitución que de la del 49 solo consumaría las formas y centralizaría dando carácter institucional a varias leyes de claro signo antipopular y contrademocrático, como la Ley de asociaciones profesionales que destierra totalmente la participación y la democracia en los sindicatos; la Ley de seguridad que cercena las libertades democráticas políticas, de asociación y de expresión (basta recordar que en estos últimos cuatro meses se cerraron seis diarios).

Entonces vemos que en vez de atacar al gran problema de la Constitución General de 1853, que es la falta de participación del pueblo a través de sus organismos libres, se pretende constitucionalizar una formal participación que en la práctica es una fuerte cerradura de ella.

Con respecto a los medios, la discusión política que hoy refiere al gobierno con el radicalismo, debería realmente convocar a todos los sectores del país.

Teniendo en cuenta, además, el caos económico que el actual gobierno sobrelleva, es necesario un giro rotundo del mismo que asegure la real democracia y participación del pueblo en los sindicatos, en los partidos y en la prensa, para que así pueda decidir sin trabas sobre una Reforma de la Constitución.

Recién allí se podrá empezar a ver qué y cómo se cambia la Carta Magna Nacional."

Emilio Barletti,
revista Encuentros, N° 26,
junio de 1975.

Discrepancia

Por Salvador Barbeito

"Queremos hacer llegar nuestra opinión a raíz de la sorpresa que nos causó el comentario del número anterior, firmada por Emilio Barletti (Ver *Encuentro* N° 26).

En primer lugar, provoca cierta confusión el hecho de que si bien el objetivo del comentario es analizar el proyecto de reforma a la Constitución nacional, la nota se convierte en un "panfletarismo" sobre la acción de un gobierno elegido por amplia mayoría (ratificado recientemente en las elecciones de la provincia de Misiones).

En segundo lugar, si bien existe alguna información sobre datos históricos acerca de nuestra Constitución, adolece de un análisis serio sobre los motivos y el proyecto de la reforma propuesto por el FREJULI. Posiblemente, esto se deba a cierto apuro del autor, ya que en definitiva ni siquiera se conoce todavía en qué consiste la proposición oficial y se está estudiando en comisiones bicamerales, con consultas a todos los partidos, un anteproyecto de reforma, que según se puede apreciar será lenta y difícil y posiblemente aplicada a largo plazo, según la visión del general Perón, cuando dice (en contra de ciertos grupos de 'jóvenes apresurados'): 'la revolución se hace con tiempo y no con sangre'.

En tercer lugar podríamos discutir el matiz partidista que tiene el comentario en cuestión.

Es imposible desconectar a los hombres de su postura política. Pero una cosa es el pensamiento político y otra el sectorizado. Las críticas de dicho artículo a la reforma constitucional coinciden con 'determinada línea'.

No es momento, por otra parte, de cuestionar aquí los ataques formulados a la actual conducción gubernamental; en parte porque no es nuestra intención entrar en una polémica política, y por otra parte porque consideramos infundadas ciertas apreciaciones, como la crítica a la Ley de contratos laborales: los mismos trabajadores la agradecieron en la histórica Plaza de Mayo, y sus frutos se comprueban a diario. Como así también nos parece infundada la crítica a la libertad de prensa, desde el momento en que el mismo puede explayar sus objeciones subjetivas en un medio de comunicación.

Finalmente, creemos que la crítica objetiva siempre es constructiva, pero para ello hay ciertas pautas: por eso siempre las tendencias ultraliberales y ultramarxistas no son desapasionadas ni serenas en el discernimiento.

En el tiempo en que los cristianos nos esforzamos por la reconciliación, apuntamos esta respuesta como una contribución a los fines de esta revista, que sinceramente ha elegido el camino de ser vínculo de diálogo de toda la familia palotina.

Rodolfo Capalozza y Salvador Barbeito,
revista *Encuentro*, N° 27,
julio de 1975.

"Un pueblo que sabe de dolor
está lleno de Navidad,
cuando un chico nace
en el abandono de un rancho,
o en la miseria del desnudo
sin pañales,
o cuando crece raquítico
lejos de las ciudades,
cuando vive el anonimato
de nunca poder llegar
a ser 'alguien'
es porque el pueblo está
lleno de Navidad..."

Salvador Barbeito,
Navidad de 1975.

Capítulo X

En el tiempo de la Pasión

> *El Rey: Sabes que soy el rey y que debo obrar como un rey. ¿Qué esperas de mí, entonces? ¿Debilidad?*
> *Becket: No. Me aterraría.*
> *El Rey: ¿Vencerme por la fuerza?*
> *Becket: Sois vos quien tiene la fuerza.*
> *El Rey: ¿Convencerme?*
> *Becket:Tampoco. No tengo nada de que convenceros. Yo sólo tengo que deciros: No.*
>
> Jean Anouilh, *Becket, o el honor de Dios.*

Otoño

Domingo 21 de marzo.

Sí, mejor sería tomar un té y no cenar después de los excesos de la fiesta del viernes por el casamiento de Nacho y Olga. Hacía tiempo que no nos reuníamos Kevin, Alfredo, Jorge, Nacho y yo, todos juntos como en los viejos tiempos en Areco.

Todo había salido muy bien, él celebrando, Kevin en la lectura del Evangelio y Rolando Savino en el órgano de San Marcelo.

Preciosa ceremonia, pero después la fiesta, todos los de Areco que lo conocían lo invitaban con algo. Me acuso de debilidad ante la comida, Señor ya sabes, lo intento pero termino diciendo que sí.

Las 5 de la tarde ya estaban todos alrededor de la mesa del comedor. El párroco de San Patricio con su block de apuntes ya preparado, el padre Leaden y Salvador, Jorge, Emilio, Rodolfo, Miguel.

Todos con algo que decir.

Salvador preocupado por las diferencias entre las comunidades palotinas alemana e irlandesa, pero bueno, quizás pronto se logre la unión, tantas reuniones habrán de concluir en algo, a pesar de las oposiciones.

Bueno, es hora de escuchar a Emilio, está muy cansado, tiene dificultades con la oración, está trabajando mucho en la villa de Avellaneda, habría que hablar con él, sería bueno que estuviera en casa para la oración diaria.

Tenemos problemas con la economía de la casa, pero si todos ponemos una parte de nuestros sueldos, saldremos adelante, Salvador es muy consciente, eso me gusta, además tiene buena relación con los chicos, es ideal para la misa de niños.

Jorge seguirá con la revista *Encuentro* y la pastoral juvenil.

Rodolfo tiene muchas actividades entre el estudio del Consudec y el trabajo en el San Marón, pero lo veo con objetivos claros. Por supuesto apoya a Salvador en el aporte de parte de sus sueldos en la casa. Le parece que si todos rendimos claramente los gastos y especificamos bien los rubros en los que se gasta, las cosas marcharán mejor.

Jorge y Emilio están de acuerdo, pero no quieren que esto termine en que cada uno vigile lo que el otro gasta, no quieren restricciones a su libertad, se consideran suficientemente responsables.

Se resolvió que Rodolfo sea el ecónomo.

Los lunes a las 21.30 es un buen momento para nuestras reuniones semanales, salvo cuando el padre Leaden tenga reunión con el Consejo.

Medianoche

Los muchachos piensan que el golpe es inminente..., ¡y decían que nunca volverían...!

Alfredo dijo que tenía que hablarme, estaba muy serio y creí que era algo grave, pero no pasó de una broma, una de las señoras fue a protestar porque en la cartelera de la parroquia puse el *pedigree* de Inca, ¡hasta una perra atorranta también tiene sus derechos, que embromar!, pero bueno, dicen que estas cosas antes no pasaban, que estamos perdiendo la seriedad, que hoy se empieza con esto y mañana quién sabe con qué. Eso digo yo, mañana quien sabe con qué tontería van a empezar. Alfredo me vio tan molesto que dijo que parecía san Francisco con mi defensa de los animales. Está preocupado por Emilio, cree que se está metiendo mucho en política, le dije que no era para tanto, que siempre fue así, pero dice que las cosas no están como para arriesgarse y que seguramente van a estar peor. Yo también tengo miedo. Me cuesta dormir, hoy no lo pude hacer sin tomar una pastilla, he estado sintiéndome muy triste, oprimido.

Tuve una hora de oración tranquila. Identificarse con Jesús, con el que lucha con el mal y lo vence, no le tiene miedo, ni cabildea con él. Con el que sufre la soledad y sabe renunciar, por amor a sus hermanos, por su salvación, con el que presenta al Padre las súplicas de sus hermanos los hombres.

"En cuanto a los muchachos debo recordar que tú tienes más interés que yo mismo en ellos, que yo te los encomendé ya antes de ser ordenado siquiera, cuando el padre Achával[11] me hacía rezar por aquellos que un día estarían bajo mi responsabilidad sacerdotal y que ya entonces habían nacido. Te los sigo encomendando y confiando en que tú lo harás. Úsame como te plazca".

Miércoles 24 de marzo,
3:20 A.M.

La Proclama

"Agotadas todas las instancias del mecanismo constitucional, superada la posibilidad de rectificaciones dentro del marco de las instituciones y demostrada, en forma irrefutable, la imposibilidad de la recuperación del proceso por sus vías naturales, llega a su término una situación que agravia a la Nación y compromete su futuro.

Nuestro pueblo ha sufrido una nueva frustración.

[11] Sacerdote, jesuita, director espiritual del P. Kelly (N. del A.).

91

Frente a un tremendo vacío de poder, capaz de sumirnos en la disolución y en la anarquía; a la falta de capacidad de convocatoria que ha demostrado el gobierno nacional; a las reiteradas y sucesivas contradicciones evidenciadas en la adopción de medidas de toda índole; a la falta de una estrategia global que, conducida por el poder político, enfrentara la subversión; a la carencia de soluciones para problemas básicos de la Nación cuya resultante ha sido el incremento permanente de todos los extremismos; a la ausencia total de los ejemplos éticos y morales que deben dar quienes ejercen la conducción del Estado; a la manifiesta irresponsabilidad en el manejo de la economía que ocasionara el agotamiento del aparato productivo; a la especulación y la corrupción generalizadas; todo lo cual se traduce en una irreparable pérdida del sentido de grandeza y de fe; las Fuerzas Armadas —en cumplimiento de una obligación irrenunciable— han asumido la conducción del Estado.

Una obligación que surge de serenas meditaciones sobre las consecuencias irreparables que podría tener sobre el destino de la Nación toda una actitud distinta a la adoptada.

Esta decisión persigue el propósito de terminar con el desgobierno, la corrupción y el flagelo subversivo y solo está dirigida contra quienes han delinquido o cometido abusos de poder. Es una decisión por la Patria y no supone, por lo tanto, discriminaciones contra ninguna militancia cívica ni sector social alguno. Rechaza por consiguiente, la acción disociadora de todos los extremismos y el efecto corruptor de cualquier demagogia.

Las Fuerzas Armadas desarrollarán durante la etapa que hoy se inicia, una acción regida por pautas perfectamente determinadas. Por medio del orden, del trabajo, de la observancia plena de los principios éticos y morales, de la justicia, de la realización integral del hombre, del respeto a sus derechos y dignidad; asi la República llegará a la unidad de los argentinos y a la total recuperación del ser nacional, metas irrenunciables para cuya obtención se convoca en un esfuerzo común a los hombres y mujeres sin exclusiones, que habitan este suelo.

Tras esas aspiraciones compartidas, todos los sectores representativos del país deben sentirse claramente identificados y, por ende, comprometidos en la empresa común que conduzca a la grandeza de la Patria.

No será un gobierno patrimonio de sectores ni para sector alguno. Estará imbuido de un profundo sentido nacional y solo responderá a los más sagrados intereses de la Nación y sus habitantes.

Al contraer la Fuerzas Armadas tan trascendente compromiso, formulan una firme convocatoria a toda la comunidad nacional.

En esta nueva etapa, hay un puesto de lucha para cada ciudadano. La tarea es ardua y urgente. No estará exenta de sacrificios. Pero se la emprende con el absoluto convencimiento de que el ejemplo se predicará de arriba hacia abajo y con fe en el futuro argentino.

La conducción del proceso se ejercitará con absoluta firmeza y vocación de servicio. A partir de este momento, la responsabilidad asumida implica imponer el ejercicio severo de la autoridad para erradicar definitivamente los vicios que afectan al país. Por ello, a la par que se continuará combatiendo sin tregua a la delincuencia subversiva abierta o encubierta y se desterrará toda demagogia, no se tolerará la corrupción o la venalidad bajo ninguna forma o circunstancia, ni tampoco cualquier trasgresión a la ley u oposición al proceso de reparación que se inicia.

Las Fuerzas Armadas han asumido el control de la República. Quiera el país todo comprender el sentido profundo e inequívoco de esta actitud para que la responsabilidad y el esfuerzo colectivos acompañen esta empresa que, persiguiendo el bien común, alcanzará - con la ayuda de Dios - la plena recuperación nacional.

Tte. Gral. Jorge Rafael Videla (Ejército)
Alte. Emilio Massera (Armada)
Brigadier Gral. Orlando Ramón Agosti (Fuerza Aérea)

Seis de la mañana.

La casa parroquial ya entraba en actividad, los despertadores sonaban en los cuartos de los seminaristas, dos baños para cinco exigían que se organizaran turnos para su uso.

Alfredo Leaden y Alfredo Kelly desayunaban en la cocina, comentarios y mates, el de Leaden "el del estribo", tenía que tomar el ómnibus a Mercedes, "esto de ser superior de la congregación exigía sus sacrificios". Ya era hora de salir.

Rodolfo bajó corriendo las escaleras, había encendido la radio en el cuarto que compartía con Miguel y Emilio, siempre lo hacía antes de salir con Salvador rumbo al San Marón, el colegio donde ambos trabajaban. El resto se fue reuniendo con los tres en la cocina para escuchar la noticia, algo que se esperaba desde hacía meses: el derrocamiento de Isabel Perón. Según se informaba, la presidente había sido detenida en el aeroparque metropolitano, luego que a las 0.45 abandonara en helicóptero la Casa de Gobierno. Con marcha militar de fondo, las Fuerzas Armadas cumplían con informar a la población que se habían hecho cargo del gobierno, desde ahora se paralizaba la actividad política, se disolvía el Congreso. No habría actividades previendo posibles disturbios. El Padre Dufau con la experiencia de los años y de los golpes de Estado, aconsejó.

- Poné radio Colonia, por lo menos ahí dicen siempre la verdad.

Una hora después de haber recibido la primera noticia sobre la situación, se dirigieron a la iglesia. Ya en el altar, el celebrante, Padre Kelly, pidió por que no se produjeran más muertos por hechos de violencia. Te rogamos, Señor.

Medianoche.

Esta madrugada golpe, Videla - Massera - Agosti. He estado bastante tenso, pero algo de oración me serenó. Me siento mejor que otras veces, más resuelto a no jugar con pensamientos, la cosa es demasiado seria.

Alfie

Ideas para la predicación en preparación a Pentecostés. Para el domingo 2 de mayo de 1976.

"El domingo pasado insistimos en los aspectos negativos en nuestro tiempo por los cuales estamos inclinados a pensar que el E.S.[12] no se presenta, que no queda huella del Esp. Sto. o de Pentecostés, pero concluimos que es necesario creer en El aún y sobre todo en los momentos más oscuros y negativos. Además dijimos que Dios espera de nosotros; hemos de convertirnos, esforzarnos algo por hacer aquello que el E.S. quiere.

Hoy podemos volver a partir del hecho de que hay muchos momentos de oscuridad y 'sequedad' en nuestra vida. Pero quizás los prolongamos más de lo necesario. Para la persona que está decaída todo es negativo y deja pasar momentos de gracia, de favor de Dios, simplemente porque parece no abrir los ojos. Creemos estar abandonados, lejos de Dios, que El no nos habla, pero no vemos la manifestación de Dios en la atención de un amigo, en el acercamiento de alguien que estuvo lejos de nosotros, en la sonrisa de un niño, en el amor de la pareja. Quizás sea porque no estamos acostumbrados a asociar estas cosas con la presencia de Dios, sino que a El lo recluimos al ámbito de la oración o del culto, que no lo sabemos descubrir en las cosas sencillas.

Así mismo ocurre en la historia, en la vida de la sociedad en general donde hemos podido comprobar tantas cosas negativas: hay muchas cosas buenas que ocurren hoy, que son signo del Esp. Santo que actúa, pero puesto que sale de los carriles habituales donde estamos acostumbrados a ver o buscar al Esp., no lo descubrimos; hemos vuelto a encontrar valores muy sólidos en gente muy sencilla y pobre: su hospitalidad, solidaridad que los lleva a entregar lo que no les alcanza para ellos... Obreros que juegan su futuro por el bien del grupo... Jóvenes porteños que dejan sus comodidades para ir a vivir al interior sin comodidades... En la Iglesia surgen comunidades nuevas con nuevos estilos de vida, sin la rigidez de otros tiempos, pero con la misma generosidad de entrega y de servicio... Hay quienes son torturados y aun muertos no porque esté en juego el 'culto divino', pero sí por valores cristianos como son la justicia, la verdad, el bien del que no tiene voz para protestar... Todas estas son manifestaciones, al menos en muchos casos, del Espíritu que actúa hoy.

[12] E.S., Esp. Sto., Esp. Santo: "Espíritu Santo". Abreviado en el original (N. del A.).

Pero, ¿es que olvidamos que Jesús dijo que el Espíritu es tan libre como el viento y obra donde quiere? ¿No lo habremos querido encajonar demasiado en los límites de nuestra obra, nuestra asociación, etc.? ¿Dentro de nuestra manera de pensar? ¿No hemos pensado que el Espíritu se ocupaba solo de los "buenos" como si no amara, acompañara y apoyara también a los que nosotros consideramos "impíos", ateos? ¿No nos es significativo el pasaje de Pedro con el Centurión Cornelio?[13]

Claro: es más difícil vivir abierto a un Espíritu que es libre. Que no podemos predecir qué hará como próximo paso, a qué nos puede llevar, con quién nos mandará trabajar... Sería muy cómodo tenerlo todo previsto, como estuvo antes en la Iglesia, de tal modo que lo que se saliera de tales o cuales carriles ya lo podíamos descartar como 'sin espíritu religioso' (piénsese por ejemplo en las formas de vida religiosa, breviario, meditación, misa diaria, silencio ... como indicadores de buen espíritu religioso). Pero parece que el Espíritu se aburre de esos caminos y se va ...; sigámoslo.

Nos da un poco de vértigo seguir a un Espíritu tan libre, tan audaz, tan exigente en la confianza en que la eficiencia viene, no porque hemos comprobado la eficiencia del método o la obra, sino porque El está en ello.

Que este Pentecostés nos disponga o nos encuentre ya despiertos a recibir al E. S. que recibieron los apóstoles, que no fue extraordinario porque se manifestó con viento y lenguas sino porque les hizo ver el valor de lo que habían aprendido de Jesús, de su vida, de las cosas sencillas vividas con El."

Miércoles 5 de mayo.

¡43 años! La supuesta edad de mi Señor, más diez años, Gracias, y lo que resta está en tus manos.

Volvieron a regalarme un *Quijote de la Mancha*, voy a tener que dejar de decir que es mi libro preferido, ya me dieron seis en lo que va del año. Los muchachos me hicieron las bromas de siempre. Tuve cuidado con la

---

[13] Se refiere al texto bíblico del Libro de los Hechos de los Apóstoles 10, 1-48 (N. del A.).

torta, no es bueno el exceso para alguien con diabetes como yo. Pero fue lindo el festejo después de un día tan tenso, el tener que intervenir en el colegio Pallotti no me crea amigos, pero hay que poner orden y esto provoca heridas, noto recelos, ataques, resistencia a los cambios, sé que hacen circular rumores sobre mí, es su manera de defenderse pero no saben el daño que provocan. El padre Dufau sigue molesto. Pido a Dios que a cada uno le dé la capacidad de ubicarse. Pobre Alfredo, siempre tratando de evitar que haya males mayores.

Parece que va gente a la Redonda[14] a quejarse de mis sermones, comunista y todo eso, que la "negrada" invade San Patricio, que acá entra cualquiera. En fin, ya irán con cuentos a la vicaría.

Jorge sigue diciendo que deja el seminario a fin de año, veremos qué pasa con su reinserción, nunca es fácil para un seminarista conseguir trabajo después de seis años de vida religiosa. Y también está lo de Emilio, siempre lo había protegido de los comentarios, de las críticas por la gente con la que anda, hasta me han acusado de consentirlo, pero tengo que hablar seriamente con él, esos panfletos y revistas de *Cristianismo y Revolución* no pueden estar en la casa, como si no supiera que en abril tuvimos que retirar de la biblioteca todo lo que pareciera o tuviera que ver con política.

La parroquia de San Patricio en Belgrano

Domingo.

Patricia observaba nuevamente los gestos de desagrado de algunas de las más prestigiosas familias de Belgrano presentes en la misa vespertina. Otra vez el padre Alfie hablando de las injusticias que los señores cometían con el servicio doméstico, seguramente más de uno lo esperaría en el atrio para decirle qué pensaban sobre esos sermones que parecían escritos por un comunista. Después pasaría lo de siempre, la polémica se prolongaría en el barrio entre defensores y detractores, afirmarían que se había hecho una apología a la guerrilla, otros buscarían una parroquia

---

[14] "La Redonda" es el nombre con el cual los vecinos de Belgrano se refieren a la parroquia de la Inmaculada Concepción, a causa de su peculiar planta arquitectónica.

más "cómoda", un lugar donde pasar un rato tranquilos, donde no se sintieran cuestionados, sin mencionar que desde la llegada de Kelly se sentían rodeados por esa "negrada" con la que él parece estar tan cómodo.

Pero Patricia no era la única que registraba esas reacciones, otros jóvenes con un mayor compromiso político observaban divertidos la escena, siempre lo habían considerado un tipo piola, con él se había pasado de la inacción al trabajo intenso, a una mayor participación con los jóvenes, pero el "cabezón" tampoco era el padre Mugica, no dejaba de ser el típico cura burgués temeroso de un enfrentamiento directo con la jerarquía eclesiástica. Sin embargo, desde hacía un tiempo nadie podía negar que se estaba jugando, era conmovedor ver cómo se iba poniendo colorado a medida que se "calentaba" con sus homilías. Era en uno de esos momentos cuando confió a Rolando Savino que lo asistía en el altar.

- A veces tengo miedo de que se me escape una puteada.

Y era cierto, el padre Kelly había sufrido una transformación en las últimas semanas, lo notaban tanto los feligreses como también su amigo de siempre, el padre Kevin O'Neill.

Los seminaristas siempre bromeaban acerca del poco conocimiento que de política tenía Alfie, pero admiraban su preocupación por lo que pasaba en el país, tratando siempre de dar una respuesta desde el Evangelio.

Por eso trataba siempre de conversar con ellos a la hora del té o después de la cena, lo hacía con gusto, en cierta manera los muchachos lo ayudaban a abrir los ojos conectándolo con la realidad política del momento. Muchas veces los sacerdotes pecaban de ingenuos.

En una de esas noches de otoño, frente a la chimenea del *living* en el primer piso, uno de los seminaristas les trajo la noticia de una nueva desaparición de alguien a quien conocían y que había sido llevado esa semana.

- ¿Se sabe adónde?

- Alfie, no jodas ¿No sabés lo que está pasando?

En el mismo *living*, otro día de la misma semana cerca de la medianoche, los Alfredos estaban reunidos alternando las lecturas del *Buenos Aires Herald* y *La Nación*. El 73-6780 comenzó a sonar. Los sacerdotes intercambiaron miradas de aprensión ¿Sería otra amenaza? Esta semana habían dejado varias, y era algo tarde para recibir llamados.

El padre Leaden levantó el auricular negro.

- Para vos, Alfie.

La voz de la mujer no admitía vacilaciones, el padre Kelly tomó su agenda y concedió la cita.

A la mañana siguiente interrumpió el mate el sonido del timbre. Inca, traviesa, lo acompañó ladrando hasta la puerta.

La reconoció con dificultad: no era de las que buscan saludar al sacerdote en el atrio después de la misa. Sin duda tendría problemas como para solicitar esta intempestiva entrevista. Evitó hacer alguna broma sobre la *collie* Inca, esas que lo ayudaban a romper el frío inicial, evidentemente no hacía falta, la mujer estaba angustiada pero decidida. Después de casi veinte años de sacerdocio, reconocía las señales rápidamente. Pasaron al oratorio.

- Perdón, pero ya no sé adónde ir.

En forma desordenada le contó el motivo de la entrevista. Estaba desesperada, la casa de su hijo y de su mujer había sido arrasada por un grupo que se identificó como perteneciente al Ejército. Desde esa noche, nada se sabía de su hijo y la esposa.

- Hace unos días, un familiar nuestro vio los muebles que se llevaron en un negocio de compra y venta que abrieron hace poco en las barrancas de Belgrano. También reconoció a gente que viene los domingos a San Patricio entre los compradores. Quería pedirle si podía averiguar algo.

El padre Kelly prometió orar por ellos y transmitirle enseguida cualquier novedad.

Poco después hizo algunas llamadas, se encontró con gente que le confirmó la presencia de parroquianos de San Patricio en el local de las barrancas. Enseguida llegó el inevitable consejo.

P. Alfredo Kelly y la perra Inca

- Che, Alfie, no te metas. Seguramente andaban en algo, ¿ves?, ni a vos ni a mí nunca nos pasó nada, si se los llevaron, algo habrán hecho. Y después de todo, no son de los nuestros.

El domingo siguiente, el párroco de San Patricio observó al salir de la sacristía hacía el altar más gente de lo habitual en la misa vespertina. "Mejor", pensó, "más gente para recibir el mensaje, la homilía debe ser clara".

Ya frente al ambón, echó una mirada a sus apuntes. Respiró profundamente antes de tomar la palabra.

"Hoy hablaremos acerca de Dios y del César. Hoy más que nunca debemos hablar de dar al César, de someterse al César y también y esencialmente hablaremos de Dios.

Dad al César. Una expresión utilizada frecuentemente en sentido liberal, de total separación entre lo político y religioso.

Nos escudamos en la fe para no ver lo que ocurre a nuestro alrededor, pero ya no podemos ser indiferentes.

Hoy más que nunca vemos que repetimos la historia: los que preguntan son opositores y también por supuesto, están los 'herodianos', los que pactan con Herodes, los acomodados con el régimen de Roma.

En la actualidad vivimos en una sociedad signada por la violencia de ambos signos que creen poseer la verdad, que ante la menor oposición deciden eliminar al oponente.

Pero no podemos oponer violencia contra la violencia. Desde el gobierno no se puede combatir la violencia con la violencia".

Se aferró con fuerza al ambón, notaba el calor subiendo a sus mejillas.

"Hermanos: he sabido que hay gente de esta parroquia que compra muebles provenientes de casas de gente que ha sido arrestada y de la que no se conoce su destino. En todo el país surgen más y más de estos casos. Madres que no saben donde están sus hijos, hijos que no saben dónde están sus padres, familias forzadas al exilio, señales de muerte por todos lados. Leemos el Antiguo Testamento donde vemos al pueblo de Israel perseguido, maltratado y exiliado, nos conmovemos ante estos pasajes y no podemos conmovernos, no podemos reconocer en estos días la persecución que sufre nuestro pueblo.

Quiero ser bien claro al respecto: las ovejas de este rebaño que medran con la situación por la que están pasando tantas familias argentinas, dejan de ser para mí ovejas para transformarse en cucarachas".

Sábado 12 de junio.

Hacía tiempo que los padres Kelly y Leaden no utilizaban el idioma con que sus madres los habían acunado en la infancia, los seminaristas ya no lo hablaban, al haber llegado vocaciones de familias argentinas. Pero esta vez la ocasión exigía desempolvar el inglés como medida precautoria. El tema a tocar necesitaba de toda la prudencia posible, tenían que ponerse de acuerdo en la actitud a tomar con Emilio. Lo mejor sería tener una charla a solas con él y explicarle la situación, más de una vez le habían expuesto su preocupación por sus actividades, esas que llevaba a cabo en la zona Sur de Buenos Aires. Al principio, quizás habían preferido no enterarse, pero la situación no daba para más, había que hacer algo y cuanto más rápido, mejor. Leaden suavizó.

- Mejor después de los casamientos.

- Alfredo, solo celebramos un casamiento hoy. Parece que ya no somos una iglesia tan prestigiosa, la aristocracia de Belgrano ya no elige San Patricio. Está bien, tenés razón, después del casamiento.

Pasadas las 22, Emilio entró al *living*, estaba tranquilo, con anterioridad ya había expuesto sus dudas, sus quejas ante lo que consideraba la rigidez palotina frente a su compromiso político.

Sentado en uno de los sillones, Alfredo Leaden sonrió melancólico, volvía a ver al Emilio niño, al adolescente, al hijo de Ñata Barletti, siempre le había gustado ese amor por la libertad, su generosidad con los pobres, su rebeldía contra lo establecido, en cierto sentido era todo eso lo que ahora le traía problemas, eso y su inconciencia, claro. Y tan buen chico que era... Alfie Kelly intentaba mantenerse calmado sin demasiado éxito ¡Por suerte estaba Alfredo! Pero había que decidirse, la ambigüedad no servía para nada, nadie lo estaba echando pero, por Dios, no quedaba otro camino que elegir.

Emilio pidió unos días para tomar una decisión. Alfie podía considerar todo esto como otra magnífica "patada en el traste", sensación que se repetía cada vez que perdía una vocación. Aunque si hablaba con Ñata Barletti, quizás ella pudiera influir en su hijo y lograr que Emilio recapacitara, quizás aún estaban a tiempo.

Visitas

Miércoles.

Mariana comenzó a cargar bajo el asiento trasero de su auto los folletos de tapa amarilla, el *Manifiesto de Cristianos para la Liberación*. La represión comenzaba a relacionar al C.P.L. con Montoneros, había que sacar de circulación la folletería, no quedaba otra, había que llevárselos a Emilio, era de los más jugados y el enlace elegido por la organización con la columna de la zona sur. Él sabía donde esconderlos. Emilio abrió la puerta del garaje. Mariana, acostumbrada a los riesgos de las "entregas", introdujo el auto con habilidad y rapidez. Al bajar se saludaron con un beso.

- Hola Alberto, entrega inmediata.

Emilio sonrió, todavía no se acostumbraba al uso del nombre de guerra impuesto por la organización.

Subieron los paquetes al primer piso. Se sentaron en la sala contigua al *living*. Mariana observó la foto del Che Guevara.

- Te voy a traer una de Camilo Torres para que la pongas al lado. Siendo "cristianuchis" me parece más coherente, Camilo es nuestro "Che".

- Mejor no, ya hay demasiado revuelo por esta. Además, me voy del seminario.

- Pero ¿por qué? ¡Vos tenés vocación religiosa!

- Puedo servir a la revolución desde el puesto que sea, como obrero...

- ¿Qué?

- Como obrero voy a tener un mejor contacto con la gente de la villa.

103

- Como obrero no vas a durar mucho, se te nota a la legua esa pinta de "nene bien", Emilio.

- Si me llamás por mi nombre es porque me vas a retar, parecés mi vieja...

- Podría serlo, te llevo como veinte años. Sólo quería que lo pienses bien.

- Gracias por preocuparte, pero está decidido.

- ¡Cómo te lavaron la cabeza! Hablás como un manual de la organización. ¿Qué edad tenés, Emilio?

- Veintitrés, cumplo veinticuatro en noviembre. ¿Por?

- No, nada.

Señaló los paquetes que había traído a San Patricio.

- ¿Dónde los vas a meter?

- La parroquia es muy grande, no es lo primero que me traen.

- ¿Armas?

- ¡No, ni loco! Además acá no saben nada. Sólo revistas de la "orga".

- Parece un buen lugar. Estoy tan cansada de todo esto, esta semana tuvimos que levantar dos casas, los milicos llegaron al rato. Lo buscan a Lucas de Prensa.

- Pobre, debe estar dando vueltas por Buenos Aires.

- ¡Qué paliza nos están dando! Entre los que están "chupados" y los que se "borraron", cada día somos menos. De la U.E.S.[15] hay varios que se preguntan si no los están usando.

- Son los riesgos de la militancia.

- Está bien, está bien. A veces pienso que soy la única boluda que cuestiona.

- ¡Mirá que te gusta hacer quilombo!

- Sabés que tengo razón.

- Che, no me desmoralicés, la mujer de un líder montonero, hablando así. ¡Qué vergüenza!

- La ex mujer de un líder, querrás decir.

---

[15] Unión de Estudiantes Secundario, agrupación peronista.

- ¿No vas a volver con tu marido?

- Se puede pelear contra otra mujer, pero contra la organización es demasiado.

- Los precios que hay que pagar...

- Gracias, pero ya pagué con el matrimonio.

- ¿Cómo está tu hijo?

- ¿Cómo le explicás a un chico de siete años que el padre está clandestino?

Escucharon pasos en el comedor, Emilio consultó el reloj.

- Están bajando para almorzar. Quedate con nosotros.

- Me encantaría ¿Pero qué decimos?

- Que sos una amiga de mi familia, no te preocupés.

- Espero no meter la pata.

- Conocés suficiente gente en Areco. Eso sí, no me llamés Alberto.

- No, con eso me manejo bien. Tuve tantos nombres antes que Mariana, pero este me gusta más.

Bajaron por la escalera rumbo al comedor. El olor del puchero, la comida favorita de Alfie, comenzaba a invadir la casa. Emilio sacó un chocolatín del bolsillo de su camisa.

- Tomá, para tu hijo. ¡Ah!, Alfie, invité a comer a una amiga. Ella es Mariana.

Viernes a la noche.

Salvador tomaba un café en la casa de una familia amiga que había conocido en la parroquia. Hablaron de la violencia cotidiana, de los atentados.

Hablaron de los peligros que acechaban a San Patricio.

- Con todo lo que está pasando, un día de estos nos van a cortar las bolas a todos.

Con un *modus operandi* similar al "Noche y niebla" implementado por los nazis en la Europa ocupada, los procedimientos se sucedían por centenares en todo el país, el secuestro y el asesinato se habían incrementado en los meses posteriores al golpe del veinticuatro de marzo. Las organizaciones guerrilleras seguían siendo diezmadas y en su repliegue golpeaban ciega y desorganizadamente.

- ¿Tenés miedo, gallego?

- Creo que estamos en la línea de fuego y... saben, el otro día leí un proverbio griego.

Salvador sonrió con amargura:

- "Cuando los búfalos luchan en los pantanos, los que salen perdiendo son los sapos".

En su cuarto, el padre Pedro Dufau recibía la visita de su colega y tocayo Peter Davern, Pedrito, como lo llamaban todavía para diferenciarlos en la época en que ambos se desempeñaban como sacerdotes de la parroquia palotina de Belgrano.

Dufau, como Salvador, también compartió sus temores ante lo que consideraba la ingobernabilidad de la parroquia, la inseguridad provocada por las actividades que los jóvenes desarrollaban.

- Un día de estos nos van a matar como a chanchos.

Sábado 19 de junio,
9 de la mañana.

El diario que llegaba a San Patricio traía el titular que compartían la mayoría de los periódicos: El asesinato del general Cesáreo Cardozo.

El jefe de la Policía Federal moría como consecuencia del estallido de una bomba colocada por la joven militante Ana María González, debajo de la cama del general.

El atentado formaba parte de una tradición "montonera", en menos de dos años los Jefes de Policía Villar y Cáceres Monié habían sido asesinados en atentados planeados con meticulosidad por la organización.

Se imponía entonces la elección de un nuevo hombre que rigiera los destinos de la Policía Federal.

El elegido sería el general Arturo Amador Corbetta. General de la caballería, Corbetta poseía un curriculum poco frecuente, nacido en Junín, provincia de Buenos Aires, soltero, abogado y lector de filosofía, era un hombre respetado por cuantos lo conocían.

Seis días después de la muerte de Cardozo, señaló que el "desafío de la guerrilla impone una alta concentración de la fuerza para enfrentarla, así como una aplicación oficial, pública y controlada, con la decisión pero también con la prudencia de los hombres que conocen sus deberes"...

Algunos de los presentes esperaban un discurso más duro, sin duda la actuación del general Corbetta tendría los días contados.

17 horas.

Emilio llegó hasta la puerta de la casa de la calle Estomba, allí se despidió del joven sacerdote Pablo Gazzarri, de la parroquia Nuestra Señora del Carmen en Villa Urquiza. Habían vuelto juntos de una reunión de Cristianos para la Liberación, un grupo integrado en su mayoría por peronistas de izquierda. Quedaron en que la próxima reunión sería en San Patricio como ya habían hecho antes, sólo había que pedir el permiso de Alfie.

En el mismo momento, Salvador entró por la puerta con libros de pedagogía y un paquete, se asomó al comedor excusándose por llegar tarde, explicó que volvía del Hospital de niños. Unos días antes había conocido a un chico del interior internado allí, por eso después de una reunión del colegio había ido con Juan Carlos Herrero, otro profesor del San Marón, para comprar un juguete en Santa Fe y Talcahuano, de allí pasó por el hospital con un auto de carrera en blanco y dorado, pero el chico ya había vuelto a su provincia, en fin, ya encontraría a quien entregárselo, oportunidades no faltaban, siempre había sido característica de Salvador la buena relación con los chicos.

Pedro Dufau miró ostensiblemente la hora en el reloj de oro que había recibido por sus cuarenta años de ordenación sacerdotal. Tenía sueño y se notaba, la noche anterior, como hacía una vez por mes, le había tocado hacer guardia nocturna junto al 84-2000, el teléfono del Servicio

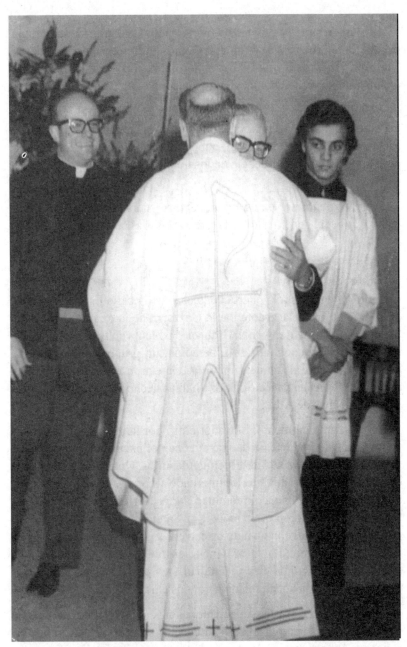

40° aniversario de la ordenación sacerdotal del P. Pedro Dufau (de espaldas; abrazándolo, el P. Leaden; a la izquierda, el P. Kelly).

Sacerdotal de Urgencia, mucho trabajo esa noche y él apenas se había repuesto con la siesta acostumbrada ya que a las 9 de la mañana había tenido bautismos. Él había sido el primero en bajar al comedor para la reunión con los seminaristas, como si no supiera que la puntualidad no era el fuerte de los muchachos, que el té de las cinco con ellos se convertía en el de las seis o más. Hasta en eso las cosas ya no eran como antes: aún recordaba la rigidez de los horarios del seminario de Thurles, en Irlanda. A pesar de los años, su buena memoria siempre era motivo de orgullo, cerrando los ojos podía ver los rostros de sus maestros palotinos, recordar sus voces cuando le inculcaban la importancia de cumplir con los horarios fijados.

Alfie y Jorge en la cocina preparaban todo lo necesario para el té.

- Sabés, esta mañana anduvo por acá Nacho, quiere ponerle mi nombre al hijo en caso que sea varón. Pobre criatura: ¡Alfredo! Bueno, hasta agosto tiene tiempo de cambiar de opinión. Che, Jorge, esta mañana me pararon para decirme que era una vergüenza la foto del Che Guevara que tenemos en el salón de redacción, de la del padre Mugica todavía no dijeron nada.

Alfredo Leaden volvía de confesar, entró con su paso lento y su eterno breviario, Pedro sonrió recordando que uno de los muchachos de la parroquia lo llamaba Petete.[16]

Rolando Savino, el organista de dieciseis años, se agregó al grupo. Solía ser invitado permanente de desayunos y meriendas cuando llegaba con el tiempo suficiente para ensayar las piezas que debería tocar en las bodas del sábado.

- ¿Y, Pedro, mucha gente dejó de fumar hoy?

La pregunta era una referencia a una broma característica de Dufau, cuando comenzaba la lectura del diario por los avisos fúnebres diciendo "Vamos a ver cuánta gente dejó de fumar hoy".

Ya estaban todos sentados. Emilio, solícito como siempre, comenzó a servir. La tapa de la tetera cayó en el medio de la mesa, masas y servilletas de papel empapadas, la solicitud y la torpeza en sus movi-

---

[16] Personaje televisivo del dibujante García Ferré que llevaba siempre un libro gordo bajo el brazo.

mientos ya eran clásicas. Un eterno adolescente que tenía dificultades para mover sus largas extremidades. Sofocando la risa, alguien al lado de Dufau musitó.

- Ni Jerry Lewis lo haría mejor. ¡Qué tololo!

Superado el incidente, retomaron el tema del almuerzo, el atentado contra el general Cardozo.

- Parece que a Ana María González la han visto en varias partes... a la vez.

- La familia también se escapó.

- Dicen que la hija y la mujer de Cardozo se van a salvar.

- ¿Con quién juega Boca?

- Emilio ¿no querés venir a la cancha?

- Seguro que no puede. Los "peronchos" están primero.

- Che, ¿alguien sabe cómo van los partidos? Jugué al Prode con los muchachos del colegio.

- A Emilio no le preguntés, a él sólo le interesa un partido.

- ¿Por qué no se dejan de joder?

- Tenemos que contestar la carta de Bob. Se debe sentir solo en Colombia.

- Alfredo, ¿vas a Campana para la consagración del nuevo obispo?

- Sí, el cuatro. De paso, voy a Areco a ver a Kevin.

- ¿Va el Nuncio?

- Sí, con Aramburu[17].

- Jorge, ¿cuándo tenés el retiro en el Santa Unión?

- El primer fin de semana de julio.

- ¿Es el tres?

- Creo que sí.

- Alfredo, ¿cuándo llega el cura nuevo que mandan de Irlanda?

- Creo que en agosto.

- ¿O'Donnell, no?

---

[17] Cardenal Juan Carlos Aramburu, en ese tiempo arzobispo de Buenos Aires.

- Thomas O'Donnell. Ya le escribí avisando que voy a Ezeiza a buscarlo.

- Espero que el gringo hable algo de castellano.

- No creo.

- Sería raro, nunca lo hacen, también por eso sería bueno hacer una sola provincia Palotina en Argentina.

- ¡Qué ataque de nacionalismo! Después de todo, si no fuera por Irlanda no hubieran venido los palotinos al país.

- Alfie, si no hay problema, al retiro en el Santa Unión lo llevo a Miguel.

- Está bien. Vamos a ser pocos ese fin de semana.

Invierno

Letter for Patrick Dwyer

> 21 de junio,
> medianoche.

Los Alfredos se desearon buenas noches apenas entraron a la casa, los dos sabían que era un vano deseo. Finalmente perderían a Emilio.

El padre Leaden entró a la secretaría, mejor sería hacer algo antes que meterse en su cuarto y seguir pensando en lo que ya era inevitable. Todavía tendría tiempo para escribir al superior, Patrick Dwyer, en Irlanda, y a Bob Killmeate en Colombia.

> Buenos Aires, 21 de junio de 1976.

Dear Paddy:

... "Salvador made his first profession on Monday 31st of May. We had it here in Belgrano. Emilio Barletti is going through a difficult period regarding his vocation. He is torn between being a priest and politics and until he makes up his mind he'll never settle down properly. It is more than likely that he will pull out and at this stage it is better for him to withdraw from our community, for the time being at least, to be able freely to make a decision. It will be a pity to lose him. The other boys are doing well and are happy so far. Bob has written saying that he wants to be ordained next March..."

... "Here in Belgrano tensions have eased off slightly since Alfie intervened in the school."

... "At long last the winter has set in and it has been pretty cold..."

... "All the best, Paddy.

sincerely yours

Alfie Leaden"[18]

Carta para Bob

Querido Bob:

"Antes que nada, perdoname el no haber contestado tu carta del 3 de mayo. *Mea culpa.* Fue una gran alegría saber que deseas ya recibir la ordenación sacerdotal.

Festejamos el cumpleaños de Jorge con una cena, acá en casa. Para mi cumpleaños prepararon un asado y participó mi familia.

Esta noche fuimos a comer al centro, charlamos de algo serio, Emilio nos expuso cual era su situación y lo que está pensando hacer. Lo más probable es que se retire de nuestra comunidad, pero lo lamentable es que sólo piensa cambiar de lugar y así no resuelve nada. Será una

[18] Querido Paddy,
..."Salvador hizo su primera profesión el lunes 31 de mayo. La tuvimos aquí en Belgrano. Emilio Barletti está pasando un momento difícil con respecto a su vocación. Está dividido entre ser cura y la política, y no logrará asentarse bien hasta que se decida. Es más que probable que se retire y en este momento sería mejor que salga de nuestra comunidad, al menos por ahora, para poder tomar una decisión libremente. Será una lástima perderlo. Los otros chicos están bien y, hasta ahora, contentos. Bob ha escrito diciendo que quiere ser ordenado el próximo marzo..."
..."Aquí en Belgrano las tensiones han aflojado un poquito desde que Alfie intervino en la escuela."
..."Finalmente el invierno se ha instalado y ha hecho bastante frío..."
..."Todo lo mejor, Paddy
    sinceramente tuyo
        Alfie Leaden..."

lástima perderlo, ya que es muy valioso, pero si no se compromete en serio con nuestra comunidad, no le quedará otro camino que salir de ella. Hay que rezar mucho por él...".

Medianoche.

Fue muerto el hermano de Daniel G. Hay inquietud a nuestro alrededor. Fumo mucho, trato de dejarlo, pero me ayuda a destensionarme-ya razono como un fumador-, debo hacerme más tiempo para la oración.

Lo saliente de la reunión de comunidad, es que se hizo revisión de mi persona y actividades; creo que todos fueron sinceros al señalarme las fallas, como mi autosuficiencia en opiniones propias y mi agresividad (esto ya lo tenía en cuenta).

Me siguen llegando felicitaciones, después de seis días, por mis diecinueve años de ordenación sacerdotal. Debería ir unos días al campo, en Areco o Mercedes, pasar unos días en los lugares donde comenzó mi vocación.

Una visita a Areco

El sábado 26 de junio, Emilio volvió a la casa de su madre en San Antonio de Areco. Después del almuerzo continuaron la evocación de momentos felices, siguieron recordando el pasado protegiéndose de la angustiosa zozobra del presente. Por la tarde, su amigo Tosca Méndez los volvió a la realidad de aquellos días.

- Tené cuidado, Emilio. No vayas siempre por las mismas calles.

Ñata Barletti, preocupada, preguntó de qué estaba hablando.

Emilio ya había confiado a su madre su alejamiento de San Patricio. Necesitaba aire, allí se ahogaba.

- Los palotinos son muy rígidos, mamá.

Ñata insistió en que se cuidara.

- Mamá, no te preocupés. Si termino con cuatro tiros en la espalda voy a ser feliz.

- ¡Emilio, no digas eso!

Más tarde, de visita en lo de su amiga Magdalena, mencionó el alejamiento del seminario palotino. Quería cambiar de lugar.

- No me digas nada, te vas a hacer "carmelita descalza".

- En serio me voy, pero todavía no sé adónde, estoy buscando. No es fácil.

El domingo, Ñata acompañó a su hijo a la estación, el saco azul realzaba la elegancia de Emilio. El y su hermano menor, Gastón, habían aprendido bien la lección dada por su madre: "Acuérdense: las medias y la corbata siempre tienen que combinar, si no van a parecer unos payasos". Ñata sonreía orgullosa. El tren arrancó, en el andén ella siguió saludando hasta que el blazer se convirtió en una pequeña mancha azul.

Una visita a San Patricio

27 de junio.

Claudia Daverio y Jorge Scampini llegaron a la misa dominical. Desde que habían dejado San Antonio de Areco para estudiar en la capital trataban de no perderse la misa vespertina de los domingos. Sabían que en ellas volverían a escuchar la voz de Alfie, era una manera de recobrar la infancia de Areco, la misa en la parroquia de la calle Vieytes, siempre era la oportunidad, también, de saludar a Emilio.

Claudia y Jorge percibían la tensión entre los feligreses al iniciarse el sermón. Alfie hablaba de los muertos por la violencia, de los charcos de sangre en las calles, de los signos de conversión al amor de Cristo aun en tiempos de violencia.

Esperaron en el atrio. Alfie saludaba a la feligresía. ¿Era una impresión de ella o se acercaba menos gente de lo acostumbrado?

Se acercaron. Jorge preguntó por Emilio.

- Recién llega de Areco. Pero pasen.

Claudia sonrió. ¡Qué alboroto en el pueblo, con todas esas mujeres muriéndose por él!

- Debe estar cansado. No importa, volvemos otro día.

114

No pudo evitar preguntar:

- ¿No tenés miedo de hablar así con lo que está pasando? Digo, por el sermón.

- Tuvimos tantas amenazas que uno ya está jugado. Además, si no dijera lo que digo, no sería yo.

1 de julio de 1976,
medianoche.

Cerca de la medianoche, el párroco de San Patricio, de vuelta en su cuarto, volvió a abrir las páginas de su diario:

"He tenido una de las más profundas experiencias en la oración. Durante la mañana me di cuenta de la gravedad de la calumnia que está circulando acerca de mí. A lo largo del día he estado percibiendo el peligro en que está mi vida. Por la noche he orado intensamente, al finalizar no he sabido mucho más, creo sí que he estado más calmo y más tranquilo frente a la posibilidad de la muerte. Lloré mucho, pero lloré suplicando al Señor que la riqueza de su gracia que me ha dado para vivir acompañara a aquellos a quienes he tratado de amar, recordé también a los que han recibido gracias a través de mi intercesión, lloré mucho por tener que dejarlos. Nunca he dudado que fue El quien me concedió la gracia y tampoco que no soy indispensable, aunque tengo mucho que decirles aún, sé que el Espíritu Santo se lo dirá... Y mi muerte física será como la de Cristo un instrumento misterioso, el mismo espíritu irá a alguno de sus hijos, pedí para que fuese a Jorge y a Emilio, para los que me odian, para los que recibieron a través mío, para el florecimiento de las vocaciones, para crear hombres dentro de la sociedad que sean necesarios, los que El desea. Me di cuenta entre mis lágrimas de que estoy muy apegado a la vida, que mi vida y mi muerte, su entrega, tiene por designio amoroso de Dios, mucho valor. En resumen: que entrego mi vida, vivo o muerto al Señor, pero que en cuanto pueda tengo que luchar por conservarla. Que seré llamado por el Padre en la hora y modo que El quiera y no cuando yo u otros lo quieran.

Ahora, justo en este momento estoy indiferente, me siento feliz de una manera indescriptible. Ojalá que esto sea leído, servirá para que otros descubran también la riqueza del amor de Cristo, y se comprometan con él y sus hermanos, cuando El quiera que se lea.

No pertenezco ya a mí mismo porque he descubierto a quien estoy obligado a pertenecer. Gracias, Señor".

Moreno al 1400

Sábado 3 de julio, mediodía.

Fotógrafos, policías, bomberos, periodistas, recorrían las ruinas de lo que había sido el comedor del organismo policial conocido como Seguridad Federal, un centro de tortura según los testimonios de personas que llegaron allí en calidad de detenidos.

El día anterior, dos de julio, después de las trece horas, un hombre joven abandonaba con paso rápido el comedor del personal de la superintendencia. La prisa era motivada por el inminente estallido del poderoso artefacto explosivo que acababa de depositar en la amplia habitación de la planta baja. Exactamente a las 13:20, la bomba estalló provocando la muerte de dieciocho personas y heridas a otras sesenta y seis.

El atentado, llevado a cabo por un grupo especial de combate del ejército montonero, se había producido merced a la intervención de un miembro de la organización que había logrado infiltrarse en el corazón de la Policía Federal.

En el mediodía del tres de julio, a menos de cien metros del lugar del atentado, el capellán mayor de la Policía Federal, presbítero José Gustín, oficiaba la misa en memoria de los funcionarios asesinados en la capilla ardiente con los quince féretros, que había sido instalada en el patio cubierto de la guardia de infantería ubicado en la planta baja del Departamento de Policía.

Mientras tanto, funcionarios del gobierno militar esperaban con expectación el arribo del general Jorge Rafael Videla, quien sería recibido por el ministro del Interior, general Albano Harguindeguy, y el recientemente designado Jefe de la Policía general Arturo Amador Corbetta. Entre tanto, llegaban al lugar el brigadier Orlando Ramón Agosti y el almirante Emilio Eduardo Massera.

El presidente arribaba algo atrasado. Había asistido, pocos días antes, a la celebración del Día del Pontífice en la Catedral metropolitana, donde había departido amablemente con el cardenal primado Aramburu y el nuncio Laghi (algo que a un buen católico como el general llenaba de piadosa alegría); después había tenido que planear todo lo necesario para asistir a la recepción en la embajada de los Estados Unidos con motivo del bicentenario de la independencia norteamericana. Seguramente allí volvería a encontrarse con su Excelencia el nuncio Pío Laghi. Tantas actividades conspiraban con este compromiso inesperado.

Tal vez también tuvo tiempo para considerar con cierta pena que la noticia del atentado frustraría la difusión de una nueva victoria de su gobierno: el día anterior, en un almuerzo con la Asociación Cristiana de Dirigentes de Empresas, su ministro de Economía José Alfredo Martínez de Hoz anunciaba que el índice de precios al consumidor había aumentado sólo 2,8 %, algo que "marcaba un capítulo auspicioso de la lucha contra la inflación".

Salvo estos atentados, todo empezaba a marchar en orden, por fin la gente se estaba dando cuenta de que con los militares en el gobierno estábamos mucho mejor.

Precedido por sus custodios, el general entró en la capilla ardiente.

Avenida de los Incas

Sábado 3 de julio,
mediodía.

Carlos Salum tiró el bolso y la raqueta sobre la cama de su cuarto. Se sentía mal después del partido de tenis que acababa de perder, el malhumor no lo había abandonado ni siquiera después de la ducha en el exclusivo club que frecuentaba. En el vestuario había escuchado sin demasiado interés los comentarios acerca del atentado en Seguridad Federal; alguien aportó una nueva noticia, ocho cadáveres de jóvenes habían sido encontrados en una playa de estacionamiento de Chacabuco al 700. Más tarde, en un baldío de Villa Lugano, siete cadáveres más se sumaban a la lista.

La voz de uno de los socios del club conocido por sus relaciones con gente del gobierno, sentenció.

- Deben ser zurdos, seguro.

Ahora, en su cuarto, Carlos volvía a pensar en el resultado del partido. Había sido educado para tener éxito, para no perder; tenía que encontrar el motivo de su derrota. En realidad, lo había sabido todo el tiempo: su última conversación con el padre Kelly ocupaba gran parte de sus pensamientos en esos días.

Carlos, un adolescente de diecisiete años, había vuelto meses atrás a frecuentar San Patricio gracias a su amigo Eduardo, quien le había hablado de los grupos juveniles, de toda la actividad que se desarrollaba a partir de la llegada del párroco, de lo "piolas" que eran éste y Salvador. Conquistado también él por el magnetismo del padre Alfie, Carlos dejaba de lado su actividad deportiva para acercarse a la parroquia. Nunca entendía por qué escandalizaba a tanta gente la prédica del sacerdote. Para él, jamás se apartaba del Evangelio.

Una semana antes de ese tres de julio, Carlos se decidió a buscar al padre Alfie para confesarse. Sus dudas vocacionales y su sensibilidad sofocada por un entorno exitista lo llevaban una vez más a San Patricio.

Alfredo Kelly lo había escuchado atentamente, la mano puesta sobre su amplia frente, los ojos fijos en los del adolescente. Lo tranquilizó poco después diciéndole que los errores confesados no eran tan graves, y sonrió cuando se decidió a confiarle el recuerdo de una travesura de su infancia:

Como todos los domingos en el campo de Suipacha, los Kelly organizaban lo necesario para pasar el día de descanso fuera de la casa. Los chicos sentados, las canastas acomodadas en el Ford T, sólo faltaba Alfredo José, de cinco años. Salieron todos en su búsqueda. Ajeno a la prisa familiar, Alfie jugaba con las máquinas en el galpón cuando el aceite de una de ellas salpicó el inmaculado trajecito blanco con el que Gertie, la segunda de los siete hermanos, lo había preparado para la misa dominical en Mercedes. Sobresaltado, escuchó la voz de su madre que lo urgía a reunirse con ella y sus hermanos mayores; llorando intentó ocultarse para evitar la reprimenda. Finalmente dieron con él su madre y su hermano Dickie, cuyos grandes ojos azules observaban divertidos el desastre. Mrs. Kelly tranquilizó a su hijo menor; arremangando arrodillada el sucio género sonrió al decirle:

- Alfie, no estés triste, no importa cómo te presentes ante Dios. El Señor estará feliz de verte ante él.

Carlos y el sacerdote rieron. A punto de despedirse, el rostro del padre Alfie adquirió cierta gravedad cuando dijo:

- Me gustaría que trataras de no usar nunca a la gente. Esto es importante, ¿ves?, y si no te veo nunca más me gustaría que lo recordaras.

Con sensibilidad adolescente, Carlos se sintió algo herido. ¿Por qué no volverían a verse? ¿No sería que él esperaba no tener que verlo? Sería eso, sin duda, si no, ¿por qué elegir esas palabras para la despedida?

Con esos pensamientos, Carlos se alejó rumbo a Avenida de los Incas.

San Patricio

Mediodía.

Cada habitante de la casa de la calle Estomba 1942 tenía sus preocupaciones ese día tres de julio, para cinco de ellos el último de sus vidas.

Alfredo Leaden estaba inquieto, comenzaba a compartir los temores de Alfie Kelly acerca del peligro que corrían, sin duda sería mejor no viajar al día siguiente a la consagración del primer obispo de Zárate-Campana, monseñor Espósito.

Emilio Barletti sabía que estos eran sus últimos días en San Patricio antes de pasar a otra casa, los curas palotinos habían sido inflexibles, o actividad política o sacerdocio, no ambas cosas.

Alfredo Kelly seguía preocupado por la salud de su madre. El martes temprano había estado con ella en Mercedes, no la notaba demasiado mal pero una persistente gripe a su edad era algo para inquietarse. Y encima de esto, los problemas en el colegio. Por suerte, todo había salido bien con el cambio de firmas en la cuenta que el colegio Pallotti tenía en el banco, había sido muy buena la idea de cambiar la titularidad y poner el nombre de su directora, la señora de Frank. Si llegara a pasarle algo, como él temía, ella podría actuar con absoluta libertad.

119

Apagó otro cigarrillo antes que Inés, la cocinera, entrara al comedor con la sopa. De probar un cigarrillo de vez en cuando había pasado a fumar sin control, la excusa que se daba a sí mismo era que lo ayudaba a descargar la tensión permanente de esos días. Dejó los lentes a un costado del plato y se restregó los ojos, como hacía siempre que estaba agotado. La noche anterior había dormido poco y orado mucho.

Salvador codeó a Rodolfo, por lo bajo le comentó extrañado las horas de oración que Alfie había pasado la noche anterior en el oratorio.

- Algo está pasando.

Después del almuerzo, los seminaristas subieron a sus habitaciones. Aprovecharon la tarde para arreglar sus cuartos y dormir la siesta. Para Rodolfo y Salvador, la jornada había comenzado temprano, preparando todo para la reunión con los jóvenes que integraban el Ateneo de la Juventud.

Rodolfo enceró su cuarto, Salvador acomodó su ropa en el placard; el auto de juguete ocupaba mucho lugar, había que encontrarle pronto un destinatario.

La casa estaba más tranquila que de costumbre; Miguel Robledo y Jorge Kelly estaban predicando un retiro en el Colegio Santa Unión desde el viernes por la noche.

Emilio releyó la carta que el día anterior había escrito a su madre, una carta de agradecimiento por el amor que de ella había recibido. Conforme, la plegó guardándola en el cajón del escritorio, pensando en que el lunes la despacharía.

Cerca de las diecisiete, los seminaristas fueron llamados para la merienda. Alguien había traído facturas para el tradicional *five o'clock tea*; temas relacionados con la parroquia y el recuerdo de Bob Killmeate monopolizaron la charla.

Rodolfo tenía como de costumbre dificultades con sus llaveros, el de San Patricio, el del San Marón, el de su casa particular, siempre llevaba encima el que no tenía que utilizar, olvidando el necesario. Por eso, después de la merienda, decidió juntar las llaves en un solo manojo. Sin saber en ese momento que ese simple gesto le salvaría la vida.

Sor Theresita

Alfie Kelly caminó las dos cuadras que lo separaban de la casa de las Hermanas de San Pedro Claver, en Tronador al 1800. Momentos antes había telefoneado a su amiga, la hermana Theresita, una religiosa africana originaria de Cabo Verde y llegada al país en 1973.

Se dieron un beso cuando se encontraron en el hall. Alfie permaneció con su campera gris, estaría poco tiempo. Incómodo, entró en tema.

- There, sé por gente del colegio que están juntando firmas para echarme, me acusan de comunista. Supongo que estás al tanto.

- Sí.

- ¿Conocés a la gente que está detrás de esto?

- Sí.

- Yo también.

- Lo sé.

- Hay una tormenta en la atmósfera, pero no sé cuando va a desatarse. ¿Sabés que me amenazaron por teléfono?

- Sí, me lo dijo una señora de catequesis. ¿Pensás que puede pasar algo? Te veo preocupado.

- Sabés cómo se está actuando, primero matan y después preguntan quién era.

La monja recurrió a toda la elocuencia de la que era capaz en su precario castellano, el que todos imitaban con simpatía ante ese dulce "portuñol" que compartía con otras hermanas de su comunidad.

- Vete Alfie, es lo mejor; hasta que las cosas se calmen, sal de Belgrano.

- Vamos a ver, estoy orando mucho para tener mayor claridad y saber qué es lo que Dios quiere.

- ¿Cómo está tu relación con Pedro?

- No me entiende, sé que él cree que está haciendo lo mejor por nuestra congregación y que yo con mi actitud los pongo en peligro, pero aún puedo amarlo, al menos aún intento hacerlo.

Ya en la puerta, la hermana Theresita volvió a insistir.

- Debes irte Alfie, nosotras aquí rezaremos por ti, pero ¡vete!

121

San Patricio

Emilio, mientras tanto, salió con su saco oscuro, tomando la bufanda se despidió de sus compañeros.

- Voy a encontrarme con mi hermano, nos vemos en el centro.

El padre Kelly volvió a San Patricio. En la sacristía preparaban todo para la misa vespertina. Rodolfo observó extrañado que los "Alfredos" hablaban rápidamente en inglés. Dado el desconocimiento que los seminaristas tenían de esa lengua, jamás la empleaban en su presencia. Las expresiones adquirían una mayor seriedad a medida que dijo:

- Emilio tiene que irse.

Volvieron a la casa, tuvieron tiempo de charlar con Inés, la cocinera, antes de sentarse en el comedor.

Solo cuatro comensales: los Alfredos, Rodolfo y Salvador. El padre Dufau había partido rumbo a la iglesia de Santo Domingo.

Al término de la cena, Alfie se decidió.

- Quiero que sepan que están juntando firmas para echarme de la parroquia, hay gente del colegio que vio una docena de nombres de vecinos que me acusan de comunista. Si me matan, seguramente se arrepentirán por lo que han provocado.

El comedor quedó envuelto en un pesado silencio.

Tras cerrar la puerta de la casa, Rodolfo y Salvador caminaron por Echeverría hasta la parada del colectivo. "El gallego" comenzó a cantar "Abre tus brazos", una de las canciones que se oían en las misas de San Patricio.

Rodolfo lo interrumpió compartiendo con él los pensamientos que no lo abandonaban desde que se levantaron de la mesa para buscar sus abrigos.

- Che, ¡qué exagerado Alfie..., mirá si lo van a matar por comunista!

Lavalle y Suipacha

A pesar del ascenso de temperatura, el frío se hacía sentir. El jueves 1° había sido el día más frío del año. Salvador y Rodolfo cerraron un poco más sus camperas, mientras se dirigían a la cartelera de los cines junto a Rodolfo Alvarez y Emilio. Una entrada de 150 pesos era mucho para sus flacos bolsillos de seminaristas, mejor era conseguir una rebaja en el precio de las entradas. Eligieron *El Veredicto*, la película del francés André Cayatte con Sophia Loren y Jean Gabin. La idea de esa salida al cine había sido curiosamente de Rodolfo y no de Salvador, quien acostumbraba organizar las salidas. Sí lo había sido la de incluir a Alvarez, un alumno del colegio San Marón.

Entraron al café Petty de Lavalle y Suipacha para acortar la espera. Alvarez había llevado las fotos del último campamento en Bariloche. Salvador, sentado a su lado, lo animaba tratando de que olvidara los problemas familiares que le habían ocasionado dificultades en el San Marón.

Después de un rato partieron hacia el cine Metropolitan, en Corrientes al 1300. Apuraron el paso, habían perdido la función anterior y no querían llegar tarde a la de las 23:30 hs.

Iglesia de Santo Domingo

Ya todo estaba preparado, las flores puestas, la iglesia iluminada, los novios no tardarían en llegar. Desde el altar, el padre Pedro podía admirar la vetusta majestuosidad de la centenaria iglesia de los dominicos. Rolando, a su lado, compartió su gesto de admiración.

Concluida la boda, los novios, integrantes del coro de San Patricio, y su familia lo esperaban para llevarlo a la fiesta. Rolando se excusó, estaba cansado y al día siguiente tenía que levantarse temprano para tocar en la misa de 8:00 con Alfie. Pedro Dufau insistió en que lo acompañara, pero el joven siempre había sido tozudo, saliendo al atrio le alcanzó un libro de tapas grises: *El ritual del matrimonio*.

- Tomá, así me aseguro que vas a estar mañana a las 8:00.

Se despidieron con el acostumbrado apretón de manos. "El Jefe" partió hacia la fiesta.

Iglesia de San Patricio

Ya todo estaba preparado, las flores puestas, la iglesia iluminada, los novios no tardarían en llegar. Aún tenía algo de tiempo para llamar por teléfono a su hermana Maggie, había decidido no viajar a Campana para la consagración episcopal. Buscó las partituras, ya era hora de sentarse frente al órgano, si se apuraba tendría tiempo para tocar alguna de las melodías irlandesas que tanto le gustaban, Con su paso tranquilo, Alfredo Leaden subió las escaleras que llevaban al órgano.

En la casa parroquial, el padre Kelly tomó el teléfono del living, quería hablar nuevamente con el arquitecto Tapino, el administrador del colegio Pallotti. Se llevaba muy bien con Abel, siempre era un gusto hablar con él. Quedaron en verse cerca de las 22:00. Si no se apuraba, llegaría tarde a la iglesia, seguramente el padre Leaden ya estaría en el órgano. A medida que avanzaba hacia la sacristía, comenzó a escuchar la melodía favorita de Alfredo: "Mother Machree".

Una salida de sábado

Después de una hora de comenzada la proyección, Rodolfo seguía sin interesarse en la película. Sophia Loren y Jean Gabin eran buenos actores, pero la acción resultaba un poco lenta. En la oscuridad de la sala consultó la hora, sintió en su bolsillo el manojo de llaves. Saliendo a la una y estando en el centro, en media hora llegaría a Barracas. Sería bueno pasar un rato con los viejos durante la mañana y a la tarde volver a San Patricio. Claro que no había pedido permiso a los sacerdotes, y además seguro que Salvador lo cargaría porque extrañaba su casa paterna, pero también Alfie había hablado del propio discernimiento, de la libertad. Se decidió, iría a su casa. Como lo supuso hubo bromas, Salvador insistió en que volviera con ellos, sin éxito.

Tuvieron tiempo para tomar un rápido café por Corrientes, charlaron sobre la película, esperaban algo mejor de Cayatte.

Cerca del obelisco se separaron. Rodolfo se fue solo, Emilio, Salvador y Rodolfo Alvarez caminaron hasta la parada del 39 que llevaría a los seminaristas hasta Chacarita, desde allí, algo hasta Belgrano. En la puerta de la sinagoga de Córdoba y Libertad se despidieron, ya llegaba el colectivo.

San Patricio

Medianoche.

Alfredo Leaden, antes de cambiar su camisa azul por el pijama, abrió las páginas del diario *La Nación*... Las noticias del diario se parecían a las de todos los días: aplastamiento de un golpe militar en el muy lejano Sudán, la contabilización de diecisiete extremistas muertos en la muy cercana Argentina, las exequias de los muertos por la bomba en Seguridad Federal.

Estomba 1900

En la casa de la calle José Hernández al 2700, Alfredo Kelly y Abel Tapino, el administrador, compartieron un whisky y los problemas que la transición de Dufau a Kelly traía aparejados al colegio. Alrededor de la una de la mañana, el sacerdote se despidió para volver a la casa parroquial.

Media hora después, Julio Victor Martínez, hijo del general Martínez Waldner, interventor militar en Neuquén, caminaba junto a Jorge Argüello a una cuadra de la casa de la calle Estomba 1942. Vecino de San Patricio, Martínez habitaba en la esquina de Sucre y Estomba. Dos autos estacionados a escasos metros de la casa parroquial llamaron su atención. Los Peugeot 504, uno oscuro, el otro claro, un ocupante en cada uno de ellos, procedieron a comunicarse mediante un juego de luces. Ante la sospecha de un atentado contra la casa paterna, se dirigió a la comisaría 37. Tras la denuncia, un patrullero partió rápidamente para interrogar a los ocupantes de los autos.

San Patricio

Medianoche.

Pedro Dufau llegó a la medianoche procedente de la fiesta de bodas a la que había sido invitado. Abandonando el flamante traje azul por ropa sport, bajó a la cocina en busca del té que ayudara a la digestión del banquete.

En su habitación, Alfredo Kelly entreabrió las sábanas de su cama prosiguiendo con el ritual nocturno que se había iniciado un rato antes con la ducha y el desdoblar del pijama. Se acercó al escritorio, de uno de los cajones sacó el cuaderno que utilizaba como diario personal. Le costó concentrarse, las tensiones del día y los presentimientos habían dejado su huella. La ventana cerrada lo protegía del frío de julio, pero no impedía que se filtraran desde la calle los sonidos de los autos que estacionaban en las inmediaciones.

Sin advertirlo, equivocó el año al anotar la fecha.

"Sábado 3 de julio de 1975.

"Otro día tenso y doloroso porque hablé del tema con un cierto grado de incertidumbre en cuanto a los resultados...".

Voces y pasos en la vereda, deben ser los chicos que vuelven del cine.

"...Estas conversaciones han estado tendiendo hacia el descubrimiento de lo que Dios quiere. Por otro lado, le pido perdón al Señor si he confiado demasiado en mí mismo, que El lo corrija y perdone y me haga sentir que estoy en su Paz...".

No eran los chicos, raro, un bocinazo a estas horas...

"...Recé muchas veces con bastante oscuridad pero sin falta de tranquilidad, es una de las grandes pruebas de mi vida, si no la más grande de todas -¿me llevará a la final?-, dejo que el Padre se ocupe de esto de acuerdo a su deseo Salvador. Me identifico mucho con Ezequiel y aun con el Señor, solo que mi vida profundamente pecadora, no se compara con sus vidas. Es un salmo a la piedad del Señor. Estoy 'chocho' con el lote que me ha tocado. (Salmo 15)".

Los pasos y las voces se sintieron más cercanos, Inca comenzó a ladrar. Las sombras de los hombres con sus armas se proyectaron en el interior de la casa.

Domingo 4 de julio. 01:30 hs.

Estomba 1900

Julio César Martínez y su amigo se ocultaron en la esquina de Sucre y Estomba, el patrullero estacionó a mitad de cuadra, un agente descendió para interrogar a los ocupantes de los autos.

En diagonal al hogar de Martínez Waldner, la casa de la familia Santini ocupaba otra de las esquinas de Sucre y Echeverría. Carlos Santini, Luis Pinasco, Guillermo Silva y el cabo Pedro Alvarez, se entretenían en una improvisada partida de truco. El sonido de la bocina del patrullero llevó a Alvarez a la calle. El cabo de la Policía Federal es advertido:

- Si escuchás cohetazos, no salgás, van a reventar la casa de unos zurdos, no te metás porque te pueden confundir.

Martínez y Argüello se agregaron al grupo de jóvenes, a los que informaron sobre el motivo de la presencia del patrullero.

Desde una de las puertas laterales, los invitados de Santini se asomaron con sigilo. En la vereda de la parroquia, hombres con armas largas entraban a la casa. Seguramente nada de que preocuparse, sin duda tomaban posición desde la casa de los curas para disparar contra algún grupo de zurdos.

San Patricio

La casa fue invadida, los cables del teléfono arrancados, los padres Leaden y Kelly sacados de sus cuartos en pijama, las habitaciones revueltas. El reloj de oro de Pedro Dufau y el auto de juguete comprado por Salvador, cargados con el resto de lo que sería el botín de aquella noche. En el escritorio de Alfie, el diario abierto en aquel sábado.

Finalmente Alfredo Kelly, Alfredo Leaden, Pedro Dufau, Salvador Barbeito y Emilio Barletti fueron reunidos en el *living*, frente al hogar, obligados a arrodillarse. Intercambiaron las últimas miradas, Alfie se llevó las manos al pecho.

La descarga de los cinco tiradores fue precisa.

Cuando tuvo la certeza de su muerte, el Padre Kelly quizás recordó, quizás se vió a sí mismo de nuevo, a los cinco años, temeroso, con su ropa manchada, y la voz de su madre diciendo:

127

- Alfie, no importa como te presentes ante Dios. El Señor estará feliz de verte ante él.

Y esto es todo cuanto puede saberse de sus muertes.

La calle Estomba al 1900

Antes de bajar rumbo a los autos que los esperaban, arrojaron sobre Salvador un póster arrancado de una de las habitaciones. Festejaron la broma, solo restaban las inscripciones en la puerta del *living* y en la alfombra del pasillo.

Luis Pinasco divisó desde el jardín de los Santini la salida de un hombre armado que se dirigía a los autos. Pasadas las tres de la mañana, el sonido que produjeron los autos al arrancar sobresaltó al grupo de amigos.

La casa parroquial quedó en silencio.

Capítulo XI

La mañana siguiente

Celia Harper, como todos los domingos a las 7.30, caminó las seis cuadras que la separaban de San Patricio. Desde hacia seis años ayudaba a los sacerdotes en los preparativos que se llevan a cabo en la sacristía poco antes de la misa. Siempre se había sentido orgullosa de su tarea en la parroquia, de la deferencia con que el padre Leaden la trataba. "Un verdadero santo", pensó la Srta. Harper mientras acomodaba su bufanda.

Rolando Savino también se dirigía con paso presuroso por la calle Estomba. En sus manos entumecidas por el frío llevaba el libro de tapas grises encomendado por el padre Dufau, manos que poco después debían estar preparadas para ejecutar la música que saldría del órgano de San Patricio. Subió el cierre de su campera de corderoy guardando el libro en su interior. Al llegar, encontró a las puertas de San Patricio a un grupo de feligreses que esperaba se les franqueara el paso al interior de la iglesia.

Sorprendidos, Celia y él tocaron insistentemente el timbre de la casa parroquial. Ante la demora en obtener respuesta, ambos convinieron en que los padres se encontraban durmiendo. Rodeando la casa por un patio lateral, Rolando encontró una claraboya entreabierta. Con la ayuda de Celia Harper, se deslizó hacia el interior de uno de los salones parroquiales. Desde allí pasó a la cocina, tomó el llavero de la iglesia y volvió al salón para entregárselo a Celia. Ella cruzó el patio y, entrando al templo por la sacristía, abrió sus puertas y tranquilizó a los ateridos feligreses. Las protestas cesaron. La mezcla de sangre escocesa y paraguaya había dotado a Celia Harper del enérgico carácter que todos conocían, todos se mostraron de acuerdo con ella. Sin duda la misa se realizaría una vez que el organista consiguiera despertar a los sacerdotes, "los pobres seguramente estarían dormidos".

Rolando, a medida que recorría la planta baja llamando a los sacerdotes, ya no estaba tan seguro de lo que Celia afirmaba a los fieles de San Patricio. Las luces y la calefacción todavía encendidas no eran buenas señales. Con temor subió la escalera hacia las habitaciones del primer piso. Inca, la perra de incierto origen *collie*, extrañamente no lo seguía, permaneciendo al pie de la escalera de mosaicos color beige.

Al asomarse al pasillo observó las inscripciones en la alfombra roja: "Estos zurdos murieron por ser adoctrinadores de mentes vírgenes y son MSTM"[19], después intentó descifrar la inscripción de la puerta entreabierta del *living*. En ese momento vislumbró dos pares de pies desnudos, se sintió mareado y volvió sobre sus pasos descendiendo la escalera. En la planta baja se encontró con Celia. Confundido, volvió a subir. Quería convencerse de lo que había visto. Cerró los ojos y, sin saber cómo, se encontró interceptando a la Srta. Harper en el descanso de la escalera.

- Vamos a avisar a la Comisaría, parece que los asaltaron.

Corriendo, llegaron a la puerta de la Comisaría 37a. en la calle Mendoza, la seccional a cargo del Comisario Rafael Fensore. Celia Harper hizo gala de su temperamento arrojando al suelo la valla que la separaba del uniformado que hacía guardia junto a la puerta.

- ¡Vengan pronto! ¡Algo terrible pasó en San Patricio!

Los agentes dijeron desconocer la ubicación de la parroquia.

- ¡No sean estúpidos, desde acá pueden ver la torre de San Patricio!

Poco después Rolando y Celia se adelantaron a la comisión policial sin esperar la salida de los patrulleros.

Rolando, con ventaja sobre la sexagenaria mujer, dobló por Echeverría pasando raudo entre un grupo de policías que en posición de cuerpo a tierra se arrastraban a la altura del colegio Pallotti, vecino a la iglesia.

---

[19] MSTM, sigla del Movimiento de Sacerdotes para el Tercer Mundo. En 1976, el Movimiento como tal ya se había disuelto, pero el mote de "tercermundista" siguió usándose durante mucho tiempo con connotaciones acusatorias.

Desoyendo las órdenes de detenerse, el joven volvió a penetrar en la casa parroquial de Estomba 1942. Desde la entrada intentó convencer a los agentes de seguridad sobre la inexistencia de peligro. Poco después de ingresar, uno de los policías rompió a culatazos una de las ventanas del primer piso. Entre el estrépito de vidrios se oyó el grito del uniformado:

- ¡La casa está tomada!

Celia Harper y Rolando Savino subieron al *living* enfrentándose por primera vez con los cadáveres. Uno junto a otro en un vasto lago de sangre, los cuerpos de las cinco víctimas se hallaban alineados cerca de la puerta.

Alfie Kelly en el medio de sus compañeros, con la mano derecha aferrada al saco de su pijama a la altura del pecho. Sobre el cuerpo de Salvador, los asesinos habían colocado un póster con el dibujo de Mafalda, el personaje del historietista Quino, que señalando la cachiporra de un policía decía: "¿Ven? Este es el palito de abollar ideologías". Un policía despegaba la bufanda blanca adherida al ensangrentado rostro de Emilio. Rolando buscó con la mirada un punto de apoyo, Celia a su lado lanzó un quejido al ver restos de masa encefálica en las paredes. El joven organista, frente a uno de los destrozados cuerpos, casi gritó, horrorizado:

- ¿Quién es ese viejo?

Tardó unos segundos en comprender que se encontraba ante el hombre que le había enseñado a ejecutar sus melodías irlandesas favoritas, su tan querido Alfredo Leaden. Desvió la mirada a un costado, la visión del cuerpo de Pedro Dufau lo esperaba. El sacerdote tenía un vestuario diferente al traje nuevo con que la noche anterior había concurrido al casamiento en la iglesia de Santo Domingo. Observó el pullover azul, las manos atadas, las huellas de un fuerte golpe en uno de sus ojos.

Se procedió a la identificación de los cadáveres. Celia Harper, por ser mayor de edad, fue elegida para revelar las identidades de las víctimas. En medio de una crisis de llanto, Celia balbuceaba los nombres, a sus espaldas Rolando volvía a repetírselos, de derecha a izquierda: Pedro

Dufau, Alfredo Leaden, Alfredo Kelly, Salvador Barbeito, Emilio Neira.

El lógico estado de conmoción llevó a Rolando a confundir las identidades entre el seminarista Barletti y Neira, un sacerdote de una parroquia vecina. Durante la mañana, cuando otros allegados a los muertos identificaron correctamente a Emilio Barletti, la policía insistió en que se trataba de Neira.

Efraín Sueldo Luque, sacerdote palotino de la región alemana, entró a la casa parroquial pasadas las 9.00.

Por la mañana temprano, las noticias de la masacre habían llegado a la parroquia palotina de Santa Isabel de Hungría. Sueldo Luque y otro sacerdote se dirigieron al barrio de Belgrano. Desde un principio, el padre Efraín observó las irregularidades cometidas por los funcionarios policiales: nadie exigía la documentación a los que entraban a la casa y allegados y curiosos se entremezclaban indiscriminadamente destruyendo a su paso las posibles huellas que pudieran servir de evidencia para identificar a los asesinos. Pensó que aquello era una clara maniobra que entorpeciera la investigación. Era el primer palotino que llegaba a la casa. Al subir las escaleras se cruzó con el padre Aloisio, de la parroquia Inmaculada Concepción de Belgrano, quien presa de un ataque de nervios gritaba:

- ¡No me dejen ver eso!

Sueldo Luque se presentó ante el oficial a cargo, entró al *living*, solo quedaban los cuerpos de Alfredo Kelly y Emilio Barletti. Al ver a su amigo Alfie, observó enternecido la actitud de oración en que habían quedado sus manos. Uno de los oficiales ordenó a sus espaldas que los cuerpos fueran retirados como "N.N." (cadáveres sin identificación), sabía el sacerdote que esto acarrearía dificultades cuando la comunidad palotina reclamara la devolución de los cadáveres.

Poco después se abocó a la tarea de rastrear el paradero de Jorge Kelly, Miguel Ángel Robledo y Rodolfo Capalozza, los seminaristas a los que se presumía desaparecidos. A media mañana ubicó a Kelly y a Robledo en el colegio Santa Unión y a Capalozza en casa de sus padres en Barracas. Al mediodía se dirigió a la capilla de la congregación de las Hermanas de San Pedro Claver, donde celebró misa. Al regresar,

132

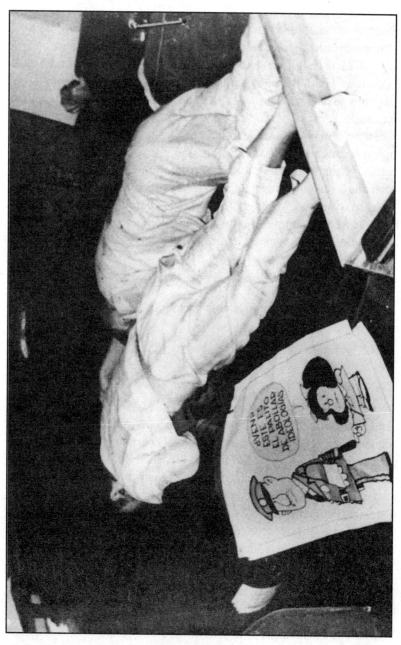

*Los cadáveres de los Cinco, tal como fueron encontrados en el
living de San Patricio.*

133

encontró en una de las habitaciones al padre Kevin O'Neill, junto al responsable de la seccional 37ª, el comisario Rafael Fensore, el subcomisario de la misma y al jefe de la Policía Federal, general Arturo Corbetta. El padre Sueldo Luque se dirigió al general Corbetta informándolo de las irregularidades en el desempeño policial. Alterado, el comisario Fensore se excusó diciendo que "se había hecho todo lo necesario". Sueldo Luque llevó al general hasta la puerta de la habitación en donde se había llevado a cabo la masacre: la inscripción hecha por los asesinos ya había sido borrada por personal policial. El sacerdote le hizo notar que la inscripción señalaba que el asesinato se había producido por "nuestros camaradas caídos en Seguridad Federal". Cuando el comisario Fensore interrumpió la conversación diciendo que la alfombra ya había sido llevada para ser analizada, el general Corbetta respondió secamente:

- No es a eso a lo que se refería el padre.

Poco después abandonó la casa parroquial.

Areco

A las 3.50, Élida Hernández de Barletti se despertó sobresaltada en el dormitorio de su casa de la calle Mitre en San Antonio de Areco. Unos segundos antes había visto caer al suelo el cuerpo de su hijo Emilio, el pantalón gris, el saco azul, la bufanda blanca, todo le confería al sueño un horroroso realismo. Se dirigió a la cocina para tomar un poco de agua, poco después se encontró con su hijo Gastón, quien preparaba todo lo necesario para una partida de caza junto a algunos amigos. Ñata quedó sola en la casa sin poder conciliar el sueño. Cerca de las siete, sus vecinos la vieron barrer obsesivamente la vereda de su casa.

A las ocho, envuelta en malos presagios, llamó por teléfono a San Patricio en Belgrano. Ocupado. Volvió a intentar la comunicación sin éxito.

Más tarde, a la salida de la misa de las diez de la mañana, una amiga se acercó a ella en la vereda de la parroquia de San Antonio, a unos pocos metros de su casa.

- ¿Ñata, te enteraste? Mataron a todos en San Patricio.

La pared de la casa parroquial la sostuvo evitando la caída.

El padre Kevin O'Neill, a ocho cuadras de allí, terminaba de celebrar la primera misa del domingo. Se dirigió a la secretaría, donde se dedicó a trabajar en sus papeles y a organizar la salida hacia Campana para celebrar la creación del nuevo obispado de Zárate-Campana. Sin duda, sería un día de fiesta para la Iglesia Católica de Argentina.

A las diez de la mañana, la voz del padre John O'Connor desde la parroquia palotina de Castelar le comunicaba atropelladamente que debía suspender el viaje a Campana, que algo terrible había ocurrido en San Patricio, le habló de cadáveres hallados en "nuestra parroquia de Belgrano". O'Neill intentaba comprender, pensó que su interlocutor le hablaba de cadáveres arrojados en los jardines de San Patricio, pero el padre O'Connor precisó: "han matado a la comunidad, parece que a cinco personas, entre ellas los tres padres".

Hacia el mediodía, otras comunicaciones telefónicas desde Belgrano confirmaban lo ocurrido y exigían su presencia. O'Neill era el sucesor del padre Alfredo Leaden en caso de ausencia de este al frente de la congregación palotina. El último llamado confirmó la identidad de los restantes cuerpos. Salvador Barbeito y Emilio Barletti. El padre O'Neill, reconfortado por un grupo de feligreses se dirigió a la casa de una tradicional familia arequera, los Egan, donde se había refugiado la señora de Barletti. Al ver entrar al sacerdote, comprendió.

- ¿Emilio también?

Mercedes

Hacia el mediodía, la triste nueva llegó a Mercedes. El padre palotino Cornelio Ryan obró con su rapidez acostumbrada conduciendo hasta los campos de la familia Kelly en Suipacha. Un doble motivo lo llevaba hasta allí: comunicar personalmente la noticia de la masacre a los hermanos de Alfie Kelly y recoger a alguno de ellos para que lo acompañara a informar a Mrs. Kelly. Cerca de las catorce volvieron a Mercedes, a la casa de la calle doce, impidiendo que la mujer de ochenta y dos años se enterara por la radio o los vecinos. Clemente Kelly y el padre Ryan entraron al dormitorio. La anciana estaba reponiéndose de la fuerte gripe que la aquejaba desde una semana atrás. Al ver al sacerdote se incorporó, él sentado al borde del lecho tomó su mano. Como de costumbre, el intercambio de palabras fue en inglés.

- Liza, pasó algo terrible. Alfie está muerto.

La mujer miró fijamente a Ryan, que esperaba la inevitable crisis nerviosa. Sentada muy erguida en su lecho, Mrs. Kelly comenzó a musitar una antigua oración irlandesa.

Durante la tarde, familiares y vecinos llegaron a la casa, pero ella permanecía orando. Al salir fue rodeada con inquietud por los presentes, y por primera vez pronunció la frase que repetiría dos días después frente al féretro de su hijo, en el cementerio de Mercedes.

- Bendita sea la voluntad de Dios. Prefiero ser la madre de uno de los asesinados y no la de los asesinos.

Belgrano

En sus hogares, Guillermo Silva y Luis Pinasco fueron despertados por sus padres cerca de las nueve de la mañana. La noticia ya había traspasado los muros de San Patricio: los "zurdos reventados" eran los religiosos de su parroquia. A media mañana, los dos amigos volvieron a encontrarse con Carlos Santini, el cabo Pedro Alvarez y Julio Martínez. Todos tenían un sentimiento común: el temor por lo que habían visto y oído. Alvarez les dijo que sus superiores lo harían figurar en los registros del sábado a la noche como si hubiera estado cumpliendo tareas de custodio en el aeroparque de Buenos Aires. Antes de volver a separarse, una especie de pacto de silencio selló el encuentro: "lo mejor sería no hablar".

Hacía el mediodía, Luis Pinasco se encontró con otro adolescente, Leo Bordigoni, hijo de uno de los arquitectos que construyó la iglesia de San Patricio. Desde pequeño, Leo estuvo relacionado con el ambiente palotino, a los ocho años se inició como monaguillo del padre Dufau, en la adolescencia alternaba, como tantos otros, el seminario con la militancia peronista. Conocía a Luis y a Guillermo de su época en la Acción Católica, sabía que ellos no estaban demasiado seguros con la actitud que habían tomado, se ofreció entonces para avisar a Sueldo Luque sobre los testimonios. Después de una consulta con Guillermo Silva, Leo informó al padre Efraín que dos jóvenes habían sido testigos del operativo. El sacerdote comunicó la novedad al cardenal Aramburu, se resolvió entonces tomarles testimonio pero reservando sus identidades por motivos de seguridad. A las cinco de la tarde, los muchachos subieron junto a Sueldo Luque al primer piso de la casa parroquial. Con su larga experiencia tribunalicia en Córdoba, el padre Efraín era el indicado para recibir sus testimonios. Mientras tanto un grupo de palotinos vigilaba que nadie interfiriera en el encuentro.

Al finalizar la declaración de los jóvenes, Sueldo Luque guardó tres copias, el lunes por la mañana se enviaría una a la curia; las dos restantes quedaron en poder de los palotinos y del padre Efraín.

Inés, la cocinera de la comunidad masacrada, vivía dentro del terreno parroquial e informaba conmocionada a quien quisiera oírla:

- Solo escuche el ruido como de un "Magiclick".

Los vecinos de Belgrano utilizaban sus teléfonos para difundir las noticias del crimen. La radio informaba la muerte de Emilio Neira, a raíz de la confusión de Rolando Savino. Y agregaba la noticia de una comunidad de religiosas asesinadas en una iglesia del barrio de Pompeya. Hacia la tarde se confirmó la identidad de Emilio Barletti y que la información del asesinato de las religiosas era errónea.

Los medios de información comenzaban a llegar a San Patricio. Afligidos feligreses, periodistas y curiosos rodeaban la parroquia palotina.

El mayor Esteban

En un suburbio de Buenos Aires, un hombre delgado y de mirada profunda seguía atentamente las noticias del mediodía. Acababa de escuchar un nombre familiar: Emilio Barletti. El "mayor Esteban", sacerdote que ejerció su ministerio hasta 1968 en la provincia de

Córdoba, había llegado como muchos de sus colegas a la militancia en el peronismo y después en la organización Montoneros a través de su trabajo pastoral entre los pobres. Fundador de la organización en la provincia de Córdoba en 1970, entre 1975 y 1977 fue designado jefe de la Columna Sur que abarcaba las zonas de Esteban Echeverría, Lanús, Avellaneda, Quilmes. Su destacada actuación lo llevó a integrar el Consejo Nacional de la Organización Montoneros.

Poco después del golpe militar del 24 de marzo había dejado de ver a Emilio por razones de seguridad, pero a través del "Negro" Moyano, el capitán que dirigía la célula que integraba Emilio, supo de sus dudas sobre la compatibilidad entre la vocación religiosa y su compromiso político, dudas por las que el mismo Elvio Alberione había pasado, y que hacía tiempo habían dejado de ser para él una contradicción. Por el mismo Moyano supo también del buen desempeño de Emilio o "Alberto" entre la gente de las villas de la zona sur. En el mes de junio se decidió la promoción del seminarista de Unidad Básica Revolucionaria (UBR) a Unidad Básica Combatiente (UBC). Sin duda, Emilio se destacaría en la rama política de la organización.

Un año después de la masacre de San Patricio, el mayor Esteban se enteraría en su exilio centroamericano de la muerte del capitán Moyano, quien lo había reemplazado en la jefatura de la zona, y del aniquilamiento de la columna.

Pío Laghi y Aramburu

En Campana se hallaban reunidos el domingo por la mañana las más altas jerarquías de la Iglesia Católica de Argentina: el nuncio apostólico Pío Laghi y el cardenal Juan Carlos Aramburu, primado de la República Argentina, presidiendo la ceremonia de consagración del nuevo obispo de Zárate-Campana. Concluido el acto y habiendo sido informados los allí presentes de la masacre de Belgrano, el primado y el nuncio emprendieron el regreso a la Capital Federal.

El 4 de julio de 1976 hubiera podido ser un día de fiesta para la Iglesia en Argentina, pero la noticia de lo sucedido empalideció toda celebración por la creación del nuevo obispado de Zárate-Campana.

Aramburu y Pío Laghi llegaron a Belgrano pasado el mediodía, inmediatamente el Primado se dirigió a Sueldo Luque. Cordobeses ambos, su conocimiento databa de varios años atrás. Informado del inminente testimonio de Silva y Pinasco pidió le fueran entregadas copias al día siguiente junto con una declaración de Sueldo Luque. Luego recorrió el lugar del crimen y expresó sus condolencias a los palotinos presentes. Afuera, en la calle, se escucharon insultos, un grupo de personas se enfrentó con los policías de guardia acusándolos de asesinos.

Aramburu se retiró, debía solicitar una entrevista con la Junta Militar en relación con lo sucedido. Volverían al día siguiente para la celebración de la misa exequial. Antes de dirigirse al automóvil, acordaron estar presentes con el nuncio pero sin dirigir la palabra a los feligreses.

- "No sabría que decir", confió el Primado a un sorprendido Efraín Sueldo Luque.

La parroquia

Jorge Kelly y Miguel Ángel Robledo llegaron durante la tarde. Habían sido localizados cerca del mediodía. El resto de la gente que había quedado en la casa y en el templo esperaban el regreso de los cuerpos. Pero la confusión entre Neira y Barletti provocaba retrasos, en la morgue no querían entregarlos hasta que todo estuviera claro. Finalmente, después de la intervención de un abogado amigo, se logró retirar los cuerpos. Antes se había hablado sobre la posibilidad de entregarlos el lunes por la mañana y de que se los enterrara en Mercedes sin honras fúnebres. La excusa era evitar una conmoción popular. El padre O'Neill, convertido en superior de la delegación palotina irlandesa por la muerte de Alfredo Leaden, se negó firmemente: "no habrá sepelios secretos, sino exequias bien públicas".

Alrededor de las dos de la mañana del lunes, cinco ambulancias llegaron a San Patricio. En el salón parroquial se había preparado todo lo necesario para recibir los cuerpos y acondicionarlos. Rodolfo Capalozza, el obispo Leaden, hermano de Alfredo, y algunos religiosos de San Camilo y San Pedro Claver procedieron a lavar y vestir los destrozados cuerpos. Cubiertos con albas y revestidos los sacerdotes con estolas, los cinco ataúdes fueron trasladados a las tres de la mañana para ser velados en el altar. Al entrar el cortejo al templo, los presentes entonaron espontáneamente el "Creo".

Rice

Alrededor de las diez de la mañana de ese domingo, un hombre joven, alto y de aspecto extranjero bajaba del colectivo que lo había llevado al humilde barrio donde debía celebrar misa en la capilla del lugar. A medida que se encontraba con los vecinos, los comentarios lo informaban sobre lo ocurrido en San Patricio. El sacerdote Patrick Rice volvió entonces a ver el fresco rostro de Emilio frente a él, como cinco días atrás.

El martes veintinueve de junio por la noche, Emilio Barletti se encaminó a un clásico conventillo en la calle Wenceslao Villafañe en el barrio de La Boca. En el segundo piso habitaba la Fraternidad de los Hermanitos del Evangelio de Charles de Foucault. Esta comunidad de origen francés, relacionada con el movimiento de sacerdotes para el Tercer Mundo, había asumido el compromiso de estar cerca del desposeído. Desde los años sesenta, la opción por los pobres se traducía en el desarrollo de su apostolado en humildes capillas de barrios carenciados y en el trabajo manual que realizaban sus miembros, sacerdotes y hermanos, sin aceptar privilegios de ninguna clase.

En la misa que se celebraba aquella noche de junio había unas quince personas, entre las que se hallaban Mauricio Silva, un sacerdote uruguayo que trabajaba como barrendero en la Municipalidad de Buenos Aires, Marcos Cirio, ex miembro de la congregación, el abogado Roberto Van Gelderen y los sacerdotes Pablo Gazzarri y Carlos Bustos. Emilio se sentía inquieto esa noche, a principios de mes dos seminaristas asuncionistas, pertenecientes a la parroquia de Nuestra Señora de la Unidad situada en el obispado de San Isidro, habían sido secuestrados en San Miguel. El procedimiento hacía suponer la búsqueda del padre Jorge Adur, hombre perteneciente al Movimiento Montonero en el que se desempeñó como capellán. Adur, sacerdote asuncionista, era el párroco de Nuestra Señora de la Unidad.

Emilio se dirigió a Rice, en aquel momento superior de la Fraternidad, tarea que alternaba con el oficio de carpintero de obra, para solicitarle

140

la admisión en la casa. El padre Patrick o Patricio, como todos lo conocían desde su llegada al país procedente de su Irlanda natal, admiraba la constante búsqueda de Emilio en su compromiso cristiano y su alegría en el trabajo que desarrollaba con el padre Joaquín Carregal en la zona Sur. Antes de despedirse, quedaron en volver a verse y charlar sobre el tema en un próximo encuentro.

La sorpresa y el temor se mezclaron en las huestes más combativas de la Iglesia. Los palotinos no habían pertenecido nunca al Movimiento de Sacerdotes para el Tercer Mundo, se los sabía progresistas pero no hacían apostolado en villas de emergencia ni participaban de las reuniones del movimiento. Entonces, ¿por qué a ellos?

¿Un error de los asesinos, el indisimulable propósito de acallar a la Iglesia o a sus sectores más contestatarios?

Como Emilio Barletti una semana atrás, Pablo Gazzarri, un sacerdote de la vecina parroquia de Nuestra Señora del Carmen, buscó refugio en casa de amigos.

La caza había comenzado.

La misa exequial

Cinco féretros descubiertos con un ramo de orquídeas en su interior presidían el altar de San Patricio. En la mañana del cinco de julio, mientras se preparaba todo lo necesario para la celebración de la misa exequial, centenares de concurrentes esperaban su inicio.

El gobierno había mandado sus condolencias a través del representante gubernamental, el ministro de Relaciones Exteriores y Culto, contraalmirante César Guzzetti, del Jefe de la Policía Federal Arturo Corbetta y otros representantes de las Fuerzas Armadas.

Carlos Salum, el adolescente que una semana antes se había retirado desconcertado de su charla con el padre Kelly, también se encontraba allí. La despedida del religioso adquiriría para él un nuevo significado: la evidente certeza que el sacerdote tenía sobre su inminente muerte. Consternado, Salum sentía que tenía que hacer algo por los religiosos asesinados, aunque de momento no sabía qué. Tiempo después lo sabría.

Capilla ardiente y misa exequial con los cinco féretros en el templo parroquial de San Patricio.

A unos metros de Salum, un hombre junto a su esposa tenía la certeza de sí poder hacer algo, indagar e informar sobre lo ocurrido en San Patricio en las páginas del diario que dirigía. A pesar de la caparazón que los muchos años como periodista habían forjado en él, Robert Cox, director del *Buenos Aires Herald,* no podía dejar de conmoverse.

La familia Kelly se mantenía desde la madrugada haciendo guardia alrededor del tronco familiar. Mrs. Kelly seguía sin apartar los ojos del ataúd de su hijo.

Los seminaristas sobrevivientes caminaban aturdidos entre la multitud y un agotado Rolando Savino relataba una vez más su participación en el hallazgo de los cuerpos a los periodistas que lo interrogaban junto al órgano. Al iniciarse la ceremonia, uno de los cronistas le preguntó que pieza tocaba.

- No sé. Toco lo que me sale. Toco para ellos.

En el altar, ciento cincuenta sacerdotes se aprestaban a celebrar la misa presidida por el hermano de Alfredo Leaden, monseñor Guillermo Leaden, obispo de Belgrano, con la presencia del cardenal Juan Carlos Aramburu y del nuncio papal monseñor Pío Laghi.

Jorge Scampini, amigo de la familia Barletti, encontraba que, a pesar de los signos de destrucción y odio, durante la ceremonia el clima era de paz. El joven arequero siguió con la mirada a la madre de Emilio cuando se dirigía al altar. Había llegado el momento de las lecturas, la mujer leyó con voz serena la indicada por la Iglesia para ese día. Impresionados, los participantes de la misa escucharon las palabras que parecían haber sido escritas para ella: "La vocación de Jeremías" (Jr 1, 4-10):

"La palabra del Señor llegó a mí en estos términos:
`Antes de formarte
en el vientre materno, yo te conocía;
antes de que salieras del seno,
yo te había consagrado,
te había constituído profeta
para las naciones´.

144

Yo respondí:
`¡Ah, Señor! Mira que no sé hablar
porque soy demasiado joven`.
El Señor me dijo:
`No digas: Soy demasiado joven,
porque tú irás adonde yo te envíe
y dirás todo lo que yo te ordene.
No temas delante de ellos,
porque yo estoy contigo para librarte
-oráculo del Señor-´.
El Señor extendió su mano,
tocó mi boca y me dijo:
`Yo pongo mis palabras en tu boca.
Yo te establezco en este día
sobre las naciones y sobre los reinos,
para arrancar y derribar,
para perder y demoler,
para edificar y plantar´".

El padre Kevin O'Neill, llegado el momento de la homilía, interrogó con su mirada al cardenal Aramburu. El protocolo indicaba que fuera él quien dirigiera la palabra a la feligresía. A manera de respuesta, su Eminencia sólo movió el principesco dedo índice en una clara negativa. Tras un momento de desconcierto general entre los celebrantes, el padre O'Neill se encaminó hacia el micrófono. Pocos creían que conservara las fuerzas suficientes para dirigir la palabra, pero O'Neill había tomado la decisión, no permitiría que se los enterrara en silencio. Obsesionado, se repetía a sí mismo: "No en silencio".

La homilía se centró en la unidad y el amor y finalmente en su relación con los palotinos asesinados.

El sacerdote recuerda haber tenido la sensación de ser conducido por "alguien".

Los ataúdes fueron retirados durante la tarde del cinco de julio. Los entierros de Emilio Barletti y Salvador Barbeito se realizaron en los cementerios de San Antonio de Areco y Avellaneda, respectivamente. Al borde de sus fuerzas, Rodolfo Capalozza acompaño hasta la sepultura a su amigo Salvador.

Previo responso en la parroquia palotina de Castelar, el cortejo fúnebre con los cuerpos de los padres Dufau, Leaden y Kelly llegó al atardecer a la ciudad de Mercedes y fueron velados hasta la mañana siguiente en San Patricio.

Una multitud despidió los restos en la tierra destinada a recibir los cuerpos de los tres sacerdotes asesinados. El sepulcro común de la comunidad palotina ostenta desde entonces una lápida que dice: "Aquí aguardan la resurrección los tres sacerdotes palotinos muertos en la parroquia de San Patricio, Buenos Aires, el cuatro de julio de mil novecientos setenta y seis".

La voz oficial

"A las 18.45 de ayer, el Comando de la Zona I emitió la siguiente información: 'El Comando de la Zona I informa que en horas de la mañana de la fecha elementos subversivos asesinaron cobardemente a los sacerdotes Alfredo Kelly, Alfredo Leaden y Pedro Dufau y a los seminaristas Salvador Barbeito Doval y José Emilio Barletti. El vandálico hecho fue cometido en dependencias de la iglesia de San Patricio, sita en la calle Estomba 1942, lo cual demuestra que sus autores además de no tener patria tampoco tienen Dios. Efectivos de las fuerzas conjuntas se hallan abocados a las investigaciones correspondientes'".

La Prensa, 5-7-76

La prensa

A la noticia de la masacre de San Patricio se agregaron las de los hallazgos de cadáveres con heridas de bala en la calle Chacabuco en San Telmo, en Villa Lugano y en el obelisco, donde durante la madrugada del cuatro de julio habían fusilado a un hombre joven que había sido bajado atado y amordazado de un automóvil. Todos estos hechos dentro de las cuarenta y ocho horas posteriores al atentado en la Superintendencia de Seguridad Federal.

Menos de veinticuatro horas después de la muerte de Emilio, a unos metros de la casa de la calle Villafañe, donde el seminarista concurrió el martes veintinueve de junio, fue hallado otro cuerpo.

"Otros dos cadáveres fueron encontrados el lunes en esta capital, uno de ellos en la calle Villafañe al novecientos, barrio de La Boca, y otro en un terreno ubicado en la calle Andonaegui 2942 cerca de la avenida General Paz y del vivero municipal. La Policía, según trascendió, inició las investigaciones del caso para identificar a los muertos".

La Opinión 7/7/76.

Los medios de información argentinos en general adhirieron a la versión oficial sobre la responsabilidad de un grupo guerrillero en la tragedia.

¿Falta de información, temor a relacionar al terrorismo de Estado con el suceso?

Tres días después de conocido el hecho, los principales medios dejaron de mencionar el tema.

Jacobo Timmerman de *La Opinión* y Robert Cox con sus editoriales en *The Buenos Aires Herald* fueron la excepción a la regla.

Un editorial

"Más de una vez, *La Opinión* tuvo la tentación de aconsejar a sus lectores comprar todas las mañanas el valiente diario *The Buenos Aires Herald*. Sus informaciones y comentarios sobre la actualidad argentina lo merecen. Pero eso hubiera sido una discriminación contra los argentinos que no conocen el idioma inglés. Claro que muchos lectores podrán decir que sería mucho mejor que *La Opinión* fuera tan valiente como el *Herald*. Pero el hecho es que no lo es. Por lo tanto, para llenar un poco el vacío, cada tanto se podría informar sobre las cosas que hace el *Herald*. Y, a continuación, el texto del editorial que el *Herald* publicó en la víspera con el título 'Nuevo hombre - ¿pero la misma política?'

'Cuando el general Corbetta asumió como jefe de la Policía Federal, formuló, por radio y televisión a todo el país, declaraciones sin precedentes, que adquirieron en ese momento una enorme relevancia. El nuevo jefe de Policía, pese a ser llamado de las filas de la caballería, era especialmente adecuado para el cargo, ya que era abogado y además un hombre soltero. Pero a sus aptitudes se sumó su enfoque en cuanto a una de las más importantes y difíciles tareas hoy en la Argentina, lo que tanto atrajo la atención y suscitó comentarios.

El general Corbetta aclaró que iba a aplicar una severa política contra la subversión, pero también dejó en claro que "el alto grado de violencia" que pensaba adoptar, sería oficial, público y centralizado.

Eso era lo que la gente -alarmada por los informes de que personas haciéndose pasar por policías, utilizando coches sin patentes identificables para lograr ser admitidos en los domicilios, donde han robado pertenencias y valores y han secuestrado y, en varias oportunidades asesinado a sus víctimas - quería escuchar. El daño inferido a la imagen de la Policía (y por supuesto también al país y al gobierno), por "gansters", pretendiendo ser policías, ha sido enorme. El general Corbetta especificó que pondría término a esto y vería que la fuerza policial (que alguna vez tuvo la reputación de ser la mejor del mundo), sería sinónimo de moralidad y conducta ética.

El viernes pasado, terroristas izquierdistas colocaron una bomba en el comedor de la Policía Federal, matando a diecisiete policías, hombres y mujeres, y a un civil, hiriendo a otras sesenta y seis personas. Evidentemente, el objetivo de esta atrocidad fue el de provocar a la Policía haciéndola reaccionar violentamente. Hubo sin duda una reacción violenta desde algunas dependencias, ya que en horas siguientes se verificaron una docena de asesinatos sin explicación. Es una pena que el general Corbetta haya sido relevado de su cargo a su solicitud, porque había buenos motivos para pensar que él se hubiese ocupado de que se investigaran a fondo esos asesinatos - especialmente la "ejecución" de un hombre frente al obelisco, en el centro de Buenos Aires, la aparición de ocho cuerpos en una playa central de estacionamiento y el horrendo asesinato de tres sacerdotes y de dos jóvenes seminaristas en la iglesia San Patricio de Belgrano.

En lugar de una acción inmediata contra ambas clases de terrorismo, hemos visto un alzamiento en la Policía Federal luego de la lógica decisión del general Corbetta de despedir a los oficiales responsables de la seguridad, inmediatamente después de la explosión de la bomba. Ahora eso ha desembocado en el alejamiento del general Corbetta, luego de menos de quince días en el cargo. Es de lamentar. Pero debemos esperar que el nuevo Jefe de Policía, general Ojeda, prosiga con la política anunciada por su predecesor'".

La Opinión, 8-7-76.

A diferencia de los medios locales, la prensa extranjera, como el *New York Times* o el *Irish Press* de Irlanda, dejaban bien en claro la participación de grupos armados relacionados con el gobierno militar en la autoría de la masacre de San Patricio.

Casa de gobierno

"El siete de julio, el cardenal Aramburu y el nuncio Pío Laghi, en representación de la Iglesia argentina y del Vaticano mantuvieron una reunión con la Junta Militar para tratar el sangriento asesinato de los cinco religiosos palotinos.

Aramburu fue portador de una carta de la Conferencia Episcopal Argentina, redactada por él mismo y los obispos Zaspe y Primatesta, que tenía un fuerte acento de cuestionamiento como quizás nunca antes ni después la Iglesia se permitiera frente al poder militar...

... ¿Cómo respondió la Junta Militar al requerimiento de Aramburu y Pío Laghi de poner bajo control el accionar de esas fuerzas? Cada uno de los integrantes de la Junta actuó de una manera diferente: el presidente Videla se mantuvo durante el encuentro con la cabeza gacha sin abrir la boca; Agosti, el Jefe de la Fuerza Aérea trató de mantenerse al margen, pronunciando frases de ocasión; sólo el Almirante Massera pareció tener las palabras y la presencia de ánimo para contestar a los representantes de la Iglesia. El todopoderoso jefe de la Armada intentó dar una explicación y para ello se escudó en la gravedad de la situación nacional.

En determinado momento no titubeó en decir que 'si esto continúa así, las cabezas de nosotros tres (por la Junta Militar) son las que van a caer'. Y luego de este reconocimiento -¿una confesión realista o sólo un golpe de efecto para impresionar a los visitantes?- asumió la responsabilidad militar en el hecho. En efecto, Massera explicó con calculada serenidad que había una lucha intestina en el poder en el marco de la cual los sectores de las F.F.A.A. habían obrado y estaban realizando operaciones fuera del control de los mandos superiores.

Tras escuchar estos argumentos, los representantes de la Iglesia se retiraron de la Casa Rosada, habiendo obtenido tan sólo una vaga promesa de rectificación del curso seguido hasta el momento por el gobierno".

(Extractado del capítulo IV del libro *La masacre de San Patricio* de Eduardo Gabriel Kimel).

Una misteriosa embajada

La antigua mansión de los Harilaos sirve desde hace años como sede de la Nunciatura que la Santa Sede creó en Buenos Aires.

El miércoles siete de julio por la tarde, el delegado provincial Kevin O'Neill y el superior Andrés Kessler llegaron hasta la avenida Alvear, en el exclusivo barrio de Recoleta. Luego de unos minutos de espera en uno de los lujosamente austeros salones de la mansión, hizo su entrada el nuncio Pío Laghi, quien, después de reiterar condolencias y promesas, dijo a los visitantes:

- El mismo día del crimen me puse en contacto con una embajada extranjera. Ellos saben que fueron las fuerzas armadas.

El día del crimen, cuatro de julio, se había celebrado un nuevo aniversario de la independencia de los Estados Unidos. La obvia relación signó la pregunta del padre Andrés Kessler.

-¿La embajada norteamericana?

Con vaticana prudencia, el nuncio calló.

150

Correspondencia

Los dos hombres rubricaron sus cartas el mismo día, ambas tenían como destinatarios comunidades palotinas; una, procedente de Roma se dirigía a Buenos Aires, la otra realizaba el camino inverso.

En Roma, monseñor concluía su carta al padre Kevin O'Neill:

"... Quiero estar cerca de ustedes en este momento, de la comunidad palotina y de los familiares de las víctimas. No para decirles cosas nuevas, sino para compartir en silencio la sinceridad de mi afecto y mi oración.

Conocí muy bien al padre Leaden y al padre Kelly. Con ambos me unía una vieja amistad sacerdotal desde los inolvidables tiempos de mi ministerio en Mercedes. Particularmente con el padre Leaden ¡Cómo gusté su bondad, su sencillez, su vida profunda, su amor a la Iglesia! Pero recuerdo también con gratitud y cariño al padre Kelly, lo valoraba y estimaba. Lo vi siempre como un gran sacerdote. Por eso la muerte de estos sacerdotes me llega tan hondo: porque los conocía de cerca y trabajé con ellos, porque me duele la muerte de un hermano, porque siento en carne propia la tragedia de una comunidad religiosa tan misteriosamente sacudida y deshecha. Me duele hondamente la muerte de estos cinco religiosos: porque algunos eran mis amigos y todos eran mis hermanos y mis hijos".

Eduardo, cardenal Pironio

Desde alguno de los refugios que cambiaba constantemente después de su espectacular huida de Tribunales, el hombre delgado y de lentes escribía al superior palotino en Roma, negando la participación en la masacre de San Patricio y la admiración del Movimiento por los asesinados.

Horacio Mendizábal,
oficial montonero

De halcones y palomas

Los sectores más duros de las Fuerzas Armadas eran conocidos como Los Halcones, los militares que sostenían una posición donde dentro de las medidas represivas necesarias se mantuviera la ley, recibía el apelativo de Palomas. El general Arturo Corbetta pertenecía a este último grupo, minoritario dentro de las tres fuerzas.

A solo once días de asumir las funciones de jefe de la Policía Federal, presionado desde el Ministerio del Interior, Corbetta presentó la renuncia que inmediatamente fue aceptada. Toda una victoria de quienes eran contrarios a su posición legalista expresada el mismo día de su designación, su oposición a lo que sería conocido más tarde como la "guerra sucia" dio como resultado que el siete de julio el general de brigada Edmundo René Ojeda lo reemplazara. Con satisfacción indisimulada, el ministro Harguindeguy abrazó al nuevo jefe de Policía. Los altos funcionarios que habían exigido del general Corbetta secuestros, torturas y muertes compartieron la expresión de regocijo.

En adelante ya no habría dudas en las Fuerzas Armadas.

Dwyer

Dos días después del asesinato, los diarios de la prensa internacional publicaban una declaración atribuida a los superiores palotinos en Roma: "por cuanto conocemos y sobre la base de los escritos en las paredes de la parroquia, han sido asesinados por considerarlos simpatizantes de movimientos de izquierda, pero no podemos añadir nada más".

El superior provincial de los palotinos irlandeses, padre Patrick Dwyer, llegó a Buenos Aires el 7 de julio. En su contacto con la prensa, rechazó aquellas supuestas declaraciones: "Nuestro general en Roma, el padre Nicholas Gorman, no estaba en esa ciudad el día que supuestamente habría formulado dicho comentario. Además, nunca hubiera hecho declaraciones sobre el tema sin una previa consulta con el superior provincial, es decir, conmigo".

Un camino de mangos

El nombre Dar - Es - Salaam (Lugar de paz) sugiere reminiscencias árabes, y con razón. La capital de Tanzania recibió esa denominación de los mercaderes que llegaban desde Arabia hasta la selva africana en busca de esclavos. Aún se percibe su paso y el de su triste mercancía, entre Mbulu y la ciudad capital a orillas del océano Índico: las extensas filas de mangos que bordean el camino entre las dos ciudades fueron creciendo por ser el fruto de este árbol lo único que recibían los esclavos hasta llegar al puerto de Dar-Es-Salaam, desde donde se embarcaba a los sobrevivientes de la caravana.

El cinco de julio de mil novecientos setenta y seis, dos sacerdotes irlandeses, los palotinos John Kelly y Hubert Flanagan, provenientes de la misión que la sociedad del Apostolado Católico fundó en Mbulu, llegaron a la casa de los Padres Blancos en la capital de Tanzania. Allí fueron sorprendidos por la noticia de una comunidad palotina asesinada en algún lugar. Corrieron hasta el Hotel Internacional, donde el informativo de la B.B.C. de Londres situaba la tragedia en la Argentina y señalaba como responsables a grupos armados relacionados con el gobierno militar.

Irlanda

La comunidad palotina en Irlanda fue conmocionada por la noticia ese mismo domingo.

En el verano irlandés, una familia escuchaba consternada la noticia de la masacre de San Patricio. Uno de sus hijos, ordenado sacerdote a mediados del mes anterior, esperaba ansioso en ese hogar de la campiña de Templeglantine en el condado de Limerick el momento de emprender el viaje hacia Argentina, en cuyo aeropuerto de Ezeiza lo esperaría el delegado provincial, padre Alfredo Leaden. El paseo por el campo formaba parte de la despedida de su pueblo natal. El domingo anterior había cumplido con un rito centenario: en la piedra conocida como Mass Rock, en el campo de sus padres, había celebrado su primera misa en Templegantine. Durante la persecución inglesa en el siglo XVII, los católicos se habían reunido allí con sus sacerdotes para celebrar sus oficios religiosos en la clandestinidad.

Ya oscurecía cuando llegó a la casa. Le sorprendió ver a su hermana aguardándolo en la entrada. Al recibir la información que provenía de Argentina, el joven sacerdote Thomas O'Donnell sólo pudo llorar.

Mañana del 5 de julio. San Patricio, Belgrano.

TERCERA PARTE

Pentimento

"A la larga, Fontanes, el espíritu termina
siempre por vencer a la espada"
(Napoleón).

Pentimento: (Del italiano, arrepentimiento).

Arte: Contorno, líneas o colores de fondo en pinturas o dibujos que a pesar de haber sido cubiertos por el artista, con el transcurso del tiempo comienzan a percibirse a través de la pintura que los cubrió.

Diccionario Rioduero de Arte

De izquierda a derecha: P. Kevin O'Neill y P. Thomas O'Donell.

Capítulo XII

Los años siguientes

Durante los meses posteriores a la masacre de San Patricio, la dictadura militar encontró un nuevo enemigo a aniquilar: la contaminación ambiental. El principal frente de guerra: la ciudad de Buenos Aires. El slogan elegido para la lucha contra la contaminación provocada por el ruido ambiental será todo un símbolo: "El silencio es salud". Millones de argentinos acatarían entonces la consigna. En adelante valoraríamos el saludable silencio y también seríamos más "derechos" y también más "humanos". En cuanto al crimen de los religiosos, el estupor inicial dejó paso a la cólera, la cólera dejó paso a la resignación, la resignación al silencio y el silencio significó una segunda muerte.

Desde el primer día, el "saludable silencio" se vio quebrado por comentarios en voz alta o baja que expresaban el por aquellos tiempos popular "en algo andarían" o "algo habrán hecho". "Tercermundistas, guerrilleros, montoneros, refugio de subversivos". Distintas pinceladas fueron cubriendo entonces los genuinos colores y contornos de estos cinco hombres de fe.

En ocasiones sólo el paso del tiempo, como en el fenómeno denominado *pentimento*, permite entrever la verdad.

Palotinos

"Miedo, estábamos muertos de miedo", recuerda a la distancia un miembro de la Sociedad del Apostolado Católico.

A la masacre de San Patricio siguieron otros hechos intimidatorios: la detención por algunas horas de un sacerdote, salvado por la rápida

157

intervención de la Embajada de Irlanda, alertada por los padres O'Neill y Mannion, las visitas de miembros de Inteligencia Militar para interrogar a los seminaristas sobrevivientes utilizando identidades falsas, continuas amenazas de muerte, el abandono de "paquetitos" sospechosos. Este clima hizo que algunos feligreses dejaran de asistir a las parroquias palotinas. El padre Antonio Stakelum, de la iglesia Nuestra Señora de Pompeya de Castelar, recuerda el domingo en que en la canasta para recibir limosnas aparecieron cuatro balas, una clara advertencia a los cuatro sacerdotes que habitaban la casa parroquial. El general Bignone, que frecuentaba la iglesia, ya había advertido al superior Cornelio Ryan acerca de lo peligrosos que podían resultar los sermones del padre Stakelum y sus referencias a las constantes desapariciones.

A pesar del temor que esta guerra psicológica desencadenó en la delegación de la provincia irlandesa, ninguno de sus miembros pidió regresar a su país de origen, más aún, desde Irlanda llegaron nuevos sacerdotes para ocupar los puestos que sus camaradas asesinados habían dejado.

No fueron los palotinos la única congregación castigada. Patrick Rice, el sacerdote que la mañana del domingo 4 de julio recibió azorado la noticia de la muerte de Emilio, volvería a vivir esta situación repetidas veces: la mayoría de quienes se hallaban presentes en la misa del 29 de junio en la calle Villafañe integran las listas de desaparecidos. Cirio, Silva, Van Gelderen, Bustos y Gazzarri siguieron la suerte de Emilio. Quizás premonitoriamente, la homilía de aquella misa a cargo del padre Pablo Gazzarri versó sobre la muerte y la resurrección.

El mismo Rice sufrió en carne propia la detención y la tortura al ser secuestrado en octubre de ese año en Villa Soldati, y solo su condición de extranjero y la presión ejercida por una sensibilizada embajada irlandesa a raíz de la muerte de los palotinos, impidió que fuera asesinado. Condición que no cambió el destino sufrido por las monjas francesas Alice Domon y Leonie Duquet, las religiosas martirizadas en la Escuela de Mecánica de la Armada, o la del uruguayo padre Silva o el sacerdote francés Gabriel Longueville, asesinado en el Chamical junto a su compañero Carlos de Dios Murías. Decenas de religiosos, catequistas y seminaristas forman parte de los miles de desaparecidos.

La Comisión Nacional sobre la Desaparición de Personas que durante el gobierno de Raúl Alfonsín presidió Ernesto Sábato, cuya investigación registra el libro *Nunca más*, ilustra suficientemente sobre esta tragedia y nos impide perder la memoria.

Artículo del P. Kevin O'Neill, aparecido en el periódico de la comunidad argentino-irlandesa *The Southern Cross*, dos años después del asesinato.

"Era el martes 6 de julio de 1976. Un día gris y frío. Cerca del mediodía, volvían a la ciudad de Mercedes desde el cementerio un nutrido núcleo de personas, entre los cuales se encontraban dos obispos y numerosos sacerdotes y personas de toda clase y condición.

Habían cumplido con la séptima obra de misericordia corporal, cual es la de dar sepultura decente a los muertos.

Pero había algo distinto. Una congoja general, un sentido de pérdida irreparable. No era uno el sepultado sino tres, todos ellos sacerdotes palotinos argentinos asesinados dos días antes en la casa parroquial de San Patricio, Buenos Aires, juntamente con dos jóvenes estudiantes.

Los nombres de los CINCO estarán siempre con nosotros: PP. Alfredo Leaden, Pedro Dufau y Alfredo Kelly y los jóvenes Salvador Barbeito y Emilio Barletti.

Con el doloroso acto del cementerio de Mercedes todo parecía terminado. El misterio y los interrogantes que rodearon su violenta y cruel muerte quedarían para el juicio de Dios. El horror que se extendió por todo el pueblo, el sentido de impotencia ante fuerzas irresistibles y ocultas.

Sobrevino el deseo de olvidar, de cubrir con el manto del silencio, de mirar hacia adelante como si todo hubiera sido fruto de un accidente o de circunstancias inevitables. Se escucharon y aceptaron las condolencias y las explicaciones de las autoridades civiles, militares y eclesiásticas y fueron motivo de consuelo en la dura prueba.

Pero el silenciamiento fue imposible. La desmesura del hecho lo impedía. La Iglesia en la Argentina nunca había recibido semejante golpe en más de 400 años de existencia. Ni el absolutismo de los reyes en la primera evangelización, ni los atropellos de Rivadavia, ni la prepotencia de Rosas, ni la altanería y la osadía de Roca, ni siquiera la quema de las iglesias aquel junio del 55 podía comparársele. Un sólo hecho puede sufrir comparación, y es el martirio del beato Roque González y sus dos compañeros, todos ellos jesuitas, muertos cruelmente a manos de los indios en la primera evangelización.

Fueron así proféticas y reveladoras las palabras escritas por los componentes de la Comisión Ejecutiva del Episcopado Argentino, las cardenales Primatesta y Aramburu y el arzobispo Zaspe, quienes señalaron en la nota dirigida a la Junta Militar que consideraban el crimen como un "golpe dirigido al corazón de la Iglesia".

Al no encontrar la opinión pública y sobre todo la eclesial no ya una explicación racional, ya que eso era imposible, necesitaba por lo menos una narración veraz sobre el abominable crimen.

Sea por el silencio de unos, sea por dudas infundadas de otros, sea por el miedo que se apoderó de muchos, sea por la ausencia de medios eficientes de comunicación, comenzaron a tejerse toda suerte de versiones antojadizas, erróneas, infundadas, cuando no maliciosas y calumniosas, no solamente en personas de escasa cultura religiosa sino también en algunas de envergadura.

Ahora, al cabo de dos años, nos preguntamos: ¿se ha conseguido acallar el suceso, amordazar la voz que grita al cielo? No lo creemos. Ni siquiera aquellos que en aras de la esperanza habían aconsejado silencio y para evitar otros males, han podido ellos mismos sustraerse del recuerdo de esa injusticia.

Es que hubo allí un mensaje, un mensaje que sigue gritando. Esa tremenda injusticia, el derramamiento de la sangre inocente de cinco personas indefensas, de manera tan salvaje y cruel y dentro de una propiedad eclesiástica, no podrá ocultarse jamás. Sus repercusiones fueron y son inacabables. El mensaje tiene su destinatario. Primero va dirigido a la comunidad palotina de todo el mundo, pero sobre todo a los palotinos de Latinoamérica y a los de la provincia irlandesa a la cual lo occisos pertenecían. Va dirigido al clero de la vicaría de Belgrano y de toda la arquidiócesis de Buenos Aires, en la cual prestaron tan valiosos servicios. Va dirigido en fin al clero de todo el país, del cual eran miembros nativos. Va dirigido a la Iglesia toda, pues por el testimonio de su sangre agregaron una joya más a la belleza de su corona.

El valor de la comunidad es uno de los pilares básicos de nuestra fe. Las palabras de Jesús, la vivencia de los primeros cristianos como se encuentra narrada en el libro de los Hechos de los Apóstoles lo atestiguan. A ese valor dieron testimonio en su vida y en su muerte, porque como una comunidad perecieron todos juntos. Desde el más allá sus voces se levantan para indicarnos un camino: el de la unidad y de la paz, la vida comunitaria en todos los niveles. Este mensaje es para todos pero especialmente para aquellos con los cuales había más lazos, sus hermanos en religión, la vicaría, la arquidiócesis de Buenos Aires y la de Mercedes, sus familiares y de una manera muy particular esa singular parroquia de San Patricio que mereció el insigne honor de ser bañada y fortalecida por la sangre de los CINCO. Dentro de esa parroquia podemos señalar un núcleo que era la preocupación constante de la comunidad mártir, la juventud, a la que le dedicaron sus mejores esfuerzos.

Es hora de comenzar a reconocer la verdadera naturaleza del hecho, como seguramente lo reconocerán las generaciones venideras. Ellas se sorprenderán ante nuestra ceguera, "miramos pero no vemos, oímos pero no escuchamos".

Después del reconocimiento de la realidad sobrenatural del hecho vendrá a su debido tiempo la glorificación de ellos, que supieron dar su vida por la salvación de muchos.

El hecho afrenta asimismo a la comunidad argentino-irlandesa, pues todos eran miembros de la Delegación Argentina de la Provincia Irlandesa de los Palotinos. Dos de ellos, los PP. Leaden y Kelly, miembros de distinguidas y respetadas familias dentro de la comunidad.

Aprovechamos el 4 de julio para orar por ellos y por nosotros mismos para que podamos realmente comprender el mensaje escondido en el hecho sangriento y asimilarlo en nuestras vidas, reforzando los lazos comunes que a distinto nivel nos unen los unos con los otros y todos con Dios y sus santos en el cielo.

Padre Kevin O'Neill (Palotino).

San Antonio de Areco,

junio de 1978.

Testimonio del padre palotino Thomas O'Donnell, Delegado de la provincia palotino-irlandesa

Cuando la noticia de la masacre de San Patricio llegó a Irlanda, nuestro superior Patrick Dwyer me convocó a su despacho. Mi viaje a la Argentina era inminente, me habló de la conveniencia de aplazarlo hasta que la situación en el país mejorara. Mientras tanto, podría ir a Roma a estudiar. Por aquella época, estaban de visita en Irlanda los padres Andrew Quinn y Florence Carroll, que volvían de Argentina para visitar a sus familiares. Les pregunté a ellos qué pensaban hacer con respecto al regreso a Sudamérica: "Volver, es nuestro lugar". Decidí viajar con ellos; tenía miedo, pero al llegar al aeropuerto de Ezeiza los esperaban amigos de sus parroquias y el cálido recibimiento me confirmó lo acertado de mi decisión.

Al poco tiempo, estando en Mercedes, corría por un calle rumbo al hospital para asistir a un enfermo; en una esquina bajaron de un camión soldados que me rodearon con sus armas.

- ¡No tiren!, lo conozco, es un cura de San Patricio.

No eran épocas buenas, todos teníamos miedo, pero aun así resolvimos quedarnos.

En la década del ochenta llegué a San Patricio en Belgrano. Yo también había escuchado: "en algo andarían", "mejor cállense", "quedate en el molde". Llegué a este lugar con esta idea: "en algo andarían", pero mi trato con la gente que fue reconfortada por mis compañeros asesinados, los recuerdos que tienen de ellos me fueron llevando a otro convencimiento: teníamos que hacer algo por avivar el recuerdo, debíamos sentirnos orgullosos de ellos. Por eso hemos colaborado con este libro y el documental. Sé que mucha gente cree que no hicimos lo suficiente como congregación, creo que debía pasar el tiempo, entre nosotros hubo opiniones encontradas, pero también las hubo en la Iglesia, en la sociedad.

En el verano, estando en nuestra secretaría con las ventanas abiertas, no he podido dejar de escuchar: -"Acá reventaron a unos tercermundistas". Creo que los prejuicios de alguna gente del barrio ayudaron a que se produjera la masacre. Pero ha habido otra gente que nunca los olvidó, un grupo de laicos preparó hace unos años un video en memoria de los muertos, otros les han rendido homenajes de diferentes maneras. También se acercaron políticos que utilizaron su memoria con mezquinos propósitos.

Nuestro homenaje consiste en las misas recordatorias del cuatro de julio. No nos correspondía a nosotros como institución iniciar una investigación sobre sus muertes, eso debió hacerlo la justicia. Sí la búsqueda de la verdad en sus vidas, eso contribuye a que no se utilice su memoria con propósitos subalternos, recuperando la verdadera dimensión de ellos, gracias a la reflexión, superando los apasionamientos.

Pero reivindicamos desde siempre nuestro derecho a saber quiénes fueron los autores intelectuales, quiénes los ejecutores, cómo fueron asesinados, el porqué. Que el conocimiento de la verdad se constituya en un cimiento sobre el que se construya la paz.

Nuestro mayor homenaje consiste en la modalidad que hemos seguido manteniendo en esta parroquia: no cuestionar al hombre, ayudarlo, respetarlo, una actitud reflejada en los numerosos grupos de autoayuda que se reúnen en nuestra casa. Es en todo esto donde su memoria renace, donde surgen retoños, donde el recuerdo de los cinco permanece siempre verde, como decimos en Irlanda.

Los cuatro de julio, en las misas recordatorias, hemos dicho que teníamos el derecho a saber, pero que también seríamos los primeros en perdonar. Como sacerdote me cuestiono cómo podría elevar entonces el cáliz en el momento de la consagración. Cristo murió en la cruz por la redención de la humanidad. El odio puede herir a nuestro adversario, pero es a nosotros mismos a quienes termina destruyendo.

Hago mía la súplica de monseñor Helder Camara:

"Guía mi mirada, Señor,
cuando tú mismo pongas a prueba mi fe,
y me hagas marchar por entre la
niebla más cerrada,
borrada toda vereda ante mí:
por mucho que mi paso vacile,
haz que mi mirada,
tranquila e iluminada
sea un testimonio viviente
de que te llevo conmigo,
de que estoy en paz.
Cuando tú mismo pongas
a prueba mi confianza
permitiendo que el aire se vaya enrareciendo
y que me embargue la sensación
de que el suelo se está resquebrajando
bajo mis pies;
que mi mirada les recuerde a todos,
que no hay nadie
que cuente con la fuerza suficiente
para arrancarme de ti.
En quien caminamos, respiramos y somos...
Y si un día tú mismo permites
que el odio me salpique, y me prepare trampas,
y falsee mis intenciones y las desfigure,
que la mirada de tu Hijo
vaya repartiendo serenidad y amor
a través de mis ojos.
Gloria al Padre, por el Hijo, en el Espíritu".

Capítulo XIII

Justicia, sólo justicia perseguirás

Las palabras de las Escrituras "Justicia,
sólo justicia perseguirás" (Deuteronomio 16, 20)
fueron interpretadas del siguiente modo por
el rabí de Lublín:
"Cuando un hombre cree que es plenamente
justo y que no necesita empeñarse más,
la justicia no lo reconoce. Debéis buscar y
buscar la justicia sin deteneros nunca y así, a
vuestros propios ojos, seréis siempre como un
niño recién nacido que no ha realizado aún
absolutamente nada, pues esa es
la verdadera justicia".

Cuentos jasídicos.
Los primeros maestros II
Martin Buber.

La justicia

"Buenos Aires, Capital Federal de la Nación Argentina, hoy día
cuatro de julio de mil novecientos setenta y seis, siendo las horas 10,30,
el funcionario que suscribe jefe de la Comisaría 37a., comisario Rafael
Fensore, con la actuación del secretario que refrenda a los efectos legales

correspondientes, hace constar: que siendo las horas 7:55 de la fecha, se recibe por el aparato telefónico del estado 51-3333, un llamado telefónico anónimo que dice: 'En la finca de Estomba 1942, se produjo un grave hecho de sangre', con tal motivo el suscrito con personal a sus órdenes se traslada al lugar, y penetrando por la puerta señalada con el número 1942 de la calle Estomba, se accede al primer piso por una escalera allí ubicada. Una vez en el primer piso, se observan las luces encendidas, y hacia la derecha de la escalera se ve una especie de biblioteca, y al lado de la misma, y frente a ella, se encuentra una especie de sala de estar. Colocados en la puerta de acceso a dicha sala, se observa que sobre el piso de la misma, y en posición de cúbito ventral se cuentan cinco cuerpos de personas de sexo masculino, los que todavía calientes presentan signos evidentes de estar muertos, mediante la acción de disparos de armas de fuego, por cuanto se observan grandes charcos de sangre, y desparramados por toda la habitación, cápsulas y proyectiles de calibre 9 mm., que se secuestran. Para facilitar su identificación, los cadáveres son numerados del N° 1 al 5, de izquierda a la derecha, según se entra, y en razón de encontrarse en el lugar la señora Celia Harper, argentina, ama de casa, soltera de sesenta años de edad, domiciliada en Estomba 2573 y el menor Rolando Antonio Savino, argentino, 16 años, soltero, estudiante, domiciliado en Blanco Encalada 3805, los que manifestaron conocer a los habitantes de la casa, se procede a identificarlos y en orden correlativo, según se numerara anteriormente, resultan ser, el número 1, Salvador Barbeito, el N° 2 Alfredo Kelly (párroco), el N° 3 Alfredo Leaden (párroco), el N° 4 Emilio Neira (seminarista) y el N° 5 Pedro Dufau (párroco). Que la habitación presentaba desorden, observándose al frente según se entra un hogar de piedra y un televisor, a ambos lados, sillones y entre medio de ellos, una mesita 'ratona', chica, teniendo la habitación que nos ocupa una dimensión próxima a los 4 metros por 3,50. Que respecto al hecho en sí, el menor Savino refirió que a las 7.30 aproximadamente concurrió a misa como lo hace habitualmente, y al notar la Iglesia cerrada y presumiendo que el cura párroco se encontraba dormido, accedió a la finca por una ventana trasera, descubriendo lo que es de conocimiento de la instrucción, pero que no puede aportar otros datos respecto al mismo. Saliendo de la habitación que mencionáramos y hacia la derecha, existe un pasillo de unos 12 metros de largo por 1 de ancho y a ambos lados se agrupan 4 habitaciones, de una dimensión aproximada a los 2,50 por 2,20 aproximadamente, que son utilizados como dormitorios por sus ocupantes. Tales habitaciones se encontraban totalmente desordenadas y todos sus objetos desparramados por el suelo de las mismas. En la primera habitación a la derecha, según se llega, saliendo de la habitación que era utilizada como sala de estar se observa una inscripción hecha a tiza blanca, sobre la puerta de acceso, algo ilegible, pero que aparentemente cita una frase inconclusa: 'por... dinamitado... federal', y más abajo, 'Viva la Patria', sobre la alfombra que cubre el pasillo antes mencionado y no bien se llega a ella según se arriba por la escalera, se observa una inscripción hecha a tiza blanca sobre el color rojo de la alfombra, que textualmente dice: 'estos zurdos murieron por ser adoctrinadores de mentes vírgenes y son MSTM'.

Que en el lugar se hizo presente el señor Guillermo Leaden, quien se identificó como monseñor, vicario de la zona de Belgrano y auxiliar del Obispado de Buenos Aires, el que manifestó domiciliarse en Maure 1931 y sus deseos de identificar los cadáveres; monseñor Leaden identifica el cadáver con el N° 3 como el correspondiente a su hermano Alfredo Leaden, y ratifica prácticamente la identificación con anterioridad respecto a los demás fallecidos.

... De la habitación donde se encontraban los cadáveres se secuestró 35 vainas servidas y 15 proyectiles correspondientes aparentemente a armas de fuego calibre 9 mm. Se secuestró además de la misma habitación, un cartel de aproximadamente 50 x 30 cm., que dice: 'Ven, este es el palito de abollar ideologías', 'Las venas abiertas de América Latina' e 'Indochina vencerá'...

... Se dejó la correspondiente consigna policial en el lugar, y de vuelta a esta dependencia, la instrucción resuelve: iniciar en base a la presente acta, las correspondientes actuaciones por Homicidio-Infracción Ley 20840, dando intervención en autos, al señor Juez Nacional de 1° Instancia en lo Criminal y Correccional Federal Dr. Guillermo Rivarola y ante la Secretaría del Dr. Gustavo Guerrico y aviso de estilo en el orden administrativo al señor jefe de la Policía Federal, cursándose al efecto sendos despachos, teletipográficos; solicitar la cooperación de personal idóneo para las pericias correspondientes; enviar los cadáveres a la morgue judicial para la realización de la necropsia correspondiente, y

167

proseguir con las diligencias tendientes a lograr la individualización y/ o detención del o los autores del hecho, medida ésta que se hace extensiva a las demás dependencias policiales mediante circular radio-eléctrica, practicar diligencias tendientes a establecer deudas y lograr la individualización y correspondiente identificación y proseguir actuando. Conste".

(Del acta policial firmada por el jefe de la Comisaría 37a. de la Capital Federal Rafael Fensore y el principal Víctor Hugo Randazzo).

Citado en *La Masacre de San Patricio* de Eduardo G. Kimel.

La Comisaría 37. Preguntas sin respuesta

El informe policial presenta sugestivas anomalías: ¿Quién realizó el llamado telefónico que fue recibido a las 7.55 en la Comisaría 37? Rolando Savino vio los cuerpos por primera vez cuando el reloj marcaba las ocho pasadas. Celia Harper y Rolando avisaron al personal de guardia en la comisaría que "algo terrible" había ocurrido en San Patricio. Demasiados interrogantes, que continúan cuando observamos que en las fotos tomadas esa mañana se puede leer claramente: "Por los camaradas dinamitados de Seguridad Federal..." y no una frase inconclusa como cita el informe: "Por... dinamitados...Federal". El encubrimiento es evidente. Sin tener en cuenta la omisión acerca de la actuación del patrullero a cargo del oficial ayudante Miguel Angel Romano y la denuncia de Julio Víctor Martínez relacionada directamente con el crimen. ¿Por qué, como observó el padre Sueldo Luque, de vasta experiencia judicial, se permitió el ingreso irrestricto de gente que complicó la tarea de investigación al eliminar consciente o inconscientemente las señales que pudieron dejar los asesinos?

Fue la excusa que necesitaron para no hacer el consabido rastreo de huellas dactiloscópicas.

La colaboración con los asesinos se vuelve a hacer evidente.

Inscripción claramente legible en una puerta de la casa parroquial.

El sobreviviente

En los días posteriores al asesinato, los seminaristas Capalozza, Kelly y Robledo volvieron a San Patricio. Una semana después del asesinato, unos uniformados solicitaron a Capalozza las agendas personales de sus compañeros asesinados.

Se resolvió enviar al seminarista a la iglesia de Santa Isabel de Hungría, donde se encontraba el seminario palotino de la región argentina a cuyo cargo estaba el padre Efraín Sueldo Luque.

A fines de julio, dos personas que se identificaron como miembros del Servicio de Inteligencia del Estado y pertenecientes al batallón 601 intentaron entrevistar a Capalozza. Sueldo Luque se comunicó por teléfono con el regimiento, donde confirmaron la pertenencia de los individuos de la institución y sus identidades: Jorge Claudio Demarco y Gerardo Abel Borardo.

Dos días después, estos mismos hombres volvieron solicitando que el seminarista sobreviviente los acompañara a efectos de su interrogatorio en dependencias militares. Temiendo un secuestro, el sacerdote se opuso logrando que la entrevista se realizara en la parroquia. Capalozza fue interrogado sobre las actividades en San Patricio y la ideología política de las víctimas.

Justicia, sólo justicia perseguirás

La causa judicial correspondió al juez federal Guillermo Rivarola, como fiscal actuante Julio César Strassera.

El juez citó al oficial Romano, quien declaró que esa noche interrogó al conductor de un Peugeot 504 estacionado sobre la calle Estomba, al que le solicitó su documentación comprobando que se hallaba en orden y al preguntarle sobre el motivo de su permanencia en el lugar manifestó que "se encontraba allí esperando a una chica que tenía que salir de una fiesta que se daba a la vuelta".

Romano no pudo recordar el nombre de la persona interrogada. Contradiciendo lo expresado por los testigos Silva y Pinasco, tanto Romano como el custodio del general Martínez Waldner, el cabo Pedro

Alvarez, coincidieron en que Romano había informado al custodio que todo se hallaba en orden. Alvarez agregó que había permanecido en su lugar de vigilancia hasta las seis de la mañana sin observar nada fuera de lugar.

El 9 de agosto de 1976, Julio Víctor Martínez en su declaración ante el juez Rivarola confirmó haber visto "dos autos Peugeot con sus tripulantes cuando el patrullero se marchaba del lugar".

El informe del médico legista contó las heridas en los tórax y cráneos de las víctimas: 18 Salvador Barbeito, 23 Emilio Barletti, 15 Alfredo Kelly, 9 Alfredo Leaden.

Menos de un año después de ocurrido el crimen, el 25 de mayo de 1977, el fiscal federal Julio César Strassera propuso al juez Rivarola el sobreseimiento provisorio de la causa.

El 1° de julio de 1977, Strassera volvió a insistir debido a la falta de elementos que hicieran progresar la situación procesal.

En mayo de 1977 se presentó la conclusión de la pericia balística: "35 vainas servidas y los 28 proyectiles disparados".

Cinco diferentes armas utilizadas por cinco tiradores, cuatro del tipo semiautomático, de marca "Browning". La otra, una pistola semiautomática del tipo ametralladora o del tipo "semi", usándose en ese caso dos cargadores.

El 7 de octubre de 1977, el Juez Rivarola, al considerar que "las diligencias practicadas no habían arrojado resultado positivo para el total esclarecimiento del hecho que nos ocupa", declaró cerrada la causa.

Marzo de 1983. Ginebra. Suiza

"A los ocho días de marzo de 1983, comparece voluntariamente ante la Comisión Argentina de Derechos Humanos (CADHU) Rodolfo Peregrino Fernández, de nacionalidad argentina, de 32 años, divorciado, nacido en Buenos Aires el 8 de mayo de 1950, quien acredita su identidad con pasaporte argentino N° 6.117.049, y manifiesta:

Que es su deseo aportar datos sobre la estructura de la represión ilegítima en la Argentina, que conoce en su condición de oficial de la Policía Federal Argentina".

Los grupos de tareas

"... Continúa diciendo el declarante que el comando del GT 1 fue ejercido por el general de división Suárez Mason, alias "Sam", y estaba integrado operacionalmente al mismo el comando de Institutos Militares...

"... También integraron este GT civiles provenientes del servicio de inteligencia del Ejército y de la Superintendencia de Seguridad Federal.

En relación con los organismos mencionados, el dicente señala que la parte informativa era efectuada por el batallón de inteligencia 601, con sede en Callao y Viamonte de la Capital Federal, y que la parte operativa estuvo a cargo del propio comando del 1° cuerpo y de las distintas brigadas y regimientos que dependían de él."

Los GT y las zonas libres

Las llamadas zonas libres funcionaban dentro del área jurisdiccional del comando del I cuerpo de Ejército, según el declarante, de la siguiente manera: cumplían funciones en el edificio de la sede de ese comando, en calidad de oficiales de enlace, tres subcomisarios de la Policía Federal y tres subcomisarios de la Policía de la provincia de Buenos Aires, cuya función era gestionar ante los respectivos "comandos radioeléctricos la retirada de la vigilancia policial ostensiva en las zonas a realizarse los procedimientos ilegales, y de ese modo facilitar la comisión de los secuestros y allanamientos".

Ministerio del Interior

"... El suceso narrado (la muerte del obispo de La Rioja, monseñor Angelelli) coincidió en el tiempo con la recepción de otra carpeta 'confidencial' que contenía documentación perteneciente a los Padres

172

Palotinos asesinados en la madrugada del 3 de julio en la parroquia de San Patricio del barrio de Belgrano, Capital Federal, por personas armadas que no se identificaron y que sustrajeron objetos y papeles de propiedad de las víctimas, el cura párroco Alfredo Kelly, los sacerdotes Alfredo Leaden y Pedro Dufau y los seminaristas José Emilio Barletti y Salvador Barbeito.

Agrega el declarante que entre la actividad ejercida por el Ministerio del Interior estaba la vigilancia sobre aquellos sacerdotes denominados 'tercermundistas', existiendo un archivo de 300 personas con informaciones detalladas.

En referencia al caso de los Padres Palotinos, el declarante posee en su poder una agenda telefónica de uno de los sacerdotes, que guardó como prueba de que dicha documentación se encontraba en dependencias del Ministerio del Interior en la época de referencia".

La reapertura

Tras siete años del sobreseimiento del juez federal Guillermo Rivarola, su colega Néstor Blondi resolvió la reapertura de la causa el seis de agosto de 1984. Cinco días antes, el padre Cornelio Ryan, delegado provincial de la comunidad palotino irlandesa, había solicitado la reapertura pidiendo se tomara en cuenta el testimonio de los 2 jóvenes que observaron parte del operativo llevado a cabo en San Patricio la madrugada del cuatro de julio de 1976.

Hombre prudente, el padre Ryan había acatado la orden del superior en Roma de obrar con cautela durante la dictadura. El delegado supo esperar, y con la vuelta de la democracia volvió a ponerse en acción.

Atrás quedaban los días en que concurría arriesgada y pacientemente al Ministerio del Interior para solicitar información sobre el crimen, su entrevista con el general Bignone, el militar que alguna vez le había dicho "Padre Ryan, no sé nada, pero aun cuando lo supiera no se lo diría", la advertencia del mismo general al padre Stakelum para que cambiara el tono de sus homilías en las que hablaba de las diarias desapariciones. ¿Una manera de indicar, a pesar de la manifestada ignorancia, que el motivo del asesinato habían sido las homilías del padre Kelly?

Con sus citas shakespirianas, su obstinación y su frontalidad irlandesa, Connie, como lo llaman sus colegas, volvía a exigir la verdad.

La E.S.M.A.

Acompañada por el delegado Ryan y su abogado, Graciela Beatriz Daleo entraba nuevamente a Tribunales como ya lo había hecho el siete de setiembre de 1984, cuando la sobreviviente del campo de concentración de la Escuela de Mecánica de la Armada se presentó a declarar que el capitán de corbeta Antonio Pernías, en el tiempo que compartieron juntos en la E.S.M.A., había dicho: "En la Iglesia hay muchas manzanas podridas que habría que eliminar, como ya hicimos con los curas palotinos".

El 30 de octubre del mismo año el juez Blondi citó al incriminado capitán para un careo con Daleo.

El marino declaró que sí había participado en un grupo de tareas destinado a la lucha contra el terrorismo, negó en cambio que en la E.S.M.A. hubiera detenidos, que sólo se había enterado de la muerte de los palotinos en el año 1979.

Mientras tanto, en el pasillo, Ryan lamentaba no haber podido enfrentarse con Pernías. El grupo de corpulentos personajes que acompañaban al capitán se lo había impedido.

Graciela Daleo fue llamada a comparecer. Ya frente a "Trueno", uno de los alias del marino, observó el paso del tiempo en el abultado abdomen y la derrota capilar sufrida por el capitán. Observó también la impasibilidad con que Pernías, ante la pregunta del juez, contestó:

- No conozco a esta señora.

Después de todo, los dos años de infierno en la E.S.M.A. sólo habían sido un mal sueño.

Pero esperaba al desmemoriado marino una nueva incriminación, esta vez de sus pares.

En agosto de 1985, el cabo segundo Miguel Ángel Balbi declaró espontáneamente ante el juez Blondi haber sostenido una conversación

174

con Claudio Vallejos[20], quien trabajaba en el Apostadero Naval de Buenos Aires. Vallejos -según declaró Balbi - le comentó que el día del hecho y mientras se encontraba esperando frente a la casa parroquial, se acercó un patrullero, más específicamente el móvil 100, a cargo de un subcomisario o comisario inspector, y les pidió identificación, haciendo lo propio el teniente Pernías, por lo cual el patrullero se retiró, que bajaron Pernías, Aristegui y Cubalo, los dos últimos teniente de fragata y suboficial respectivamente, quedándose Vallejos en el automóvil, que era un Ford Falcon agua marina y también dos personas del auto de apoyo, que era un Peugeot 504 color celeste; que Vallejos entró a la casa parroquial una vez que los curas estaban muertos, en realidad él pensaba que no los iban a matar, sino que los "chuparían"...

Vallejos, que había estado detenido en la Unidad Penal 16 donde también estaba en ese momento Miguel Angel Balbi, fue buscado para proceder a su detención por orden del juez Blondi, pero sólo se supo que había abandonado el país rumbo a Brasil.

GT 3

"Dependía del comando general de la Armada, ejercido en 1976 por el almirante Emilio Eduardo Massera, alias "Negro", y del Estado Mayor General Naval, cuya jefatura ejercía el vicealmirante Armando Lambruschini.

Señala asimismo el dicente que este GT tenía como sede de operaciones la Escuela de Mecánica de la Armada (E.S.M.A.) ubicada en la Avenida Libertador, casi en el linde de la Capital Federal. Agrega que no puede precisar con exactitud la jurisdicción territorial del grupo, pero sí sabe que se había especializado en la represión ilegal del grupo 'Montoneros' ... En los días subsiguientes al atentado (el de la

20 Claudio Vallejos, D.N.I. N° 13.831.862, clase 1958, se incorporó a la Armada en el año 1976, en el mes de junio participó, según sus declaraciones a la revista *La Semana* del 26/7/86, en el secuestro del Embajador Héctor Hidalgo Solá. En la misma nota declara que el BIM, Batallón 3 de Infantería de Marina, donde se desempeñaba Vallejos, cumplía tareas de apoyo en operativos de represión a cargo de la E.S.M.A. en octubre de 1976, según una orden del Almirante Emilio Massera. El "arrepentido" Vallejos nada dice en sus declaraciones sobre su participación en la masacre de San Patricio.

superintendencia) se sucedieron una serie de brutales hechos represivos con fusilamientos de prisioneros políticos en distintas partes de Capital Federal y en el Gran Buenos Aires. El dicente no puede precisar ahora detalles de estos hechos, dado el tiempo transcurrido. Paralelamente, se llegó a la conclusión de que el autor del atentado -es decir, quien colocó el artefacto explosivo en el comedor de Seguridad Federal- fue un oficial ayudante de la Policía Federal, de apellido Salgado, quien posteriormente fue secuestrado por personal del GT3 y entregado para su ejecución a la Policía Federal. Salgado, según cree recordar, fue asesinado en Pilar, provincia de Buenos Aires, junto a otras treinta personas, volándose luego los cadáveres. El número de víctimas, en esta oportunidad, coincidió con el número de muertos en el atentado de Seguridad Federal".

(Declaración de Rodolfo Peregrino Fernández ante la Comisión Argentina de Derechos Humanos).

Testimonio de Mariano Grondona

El abogado y periodista Mariano Grondona fue secuestrado durante unas horas por un grupo armado en el mes de agosto de 1976, que lo liberó con la condición de que llevara un mensaje a los obispos sobre que si seguían siendo condescendientes con sacerdotes de izquierda "proseguirían los episodios como el de los palotinos y sufrirían una escalada hacia la jerarquía eclesiástica".

En su testimonio del 20 de noviembre de 1984 ante el juez Blondi expresó: "Que el grupo se manifestó perteneciente a las Tres A. Que posteriormente a su liberación se entrevistó con el nuncio Pío Laghi y con el vicario castrense Tortolo. Que en la referencia hecha por los captores en relación con el asesinato de los palotinos no se habían atribuido directamente el homicidio".

Batallón 601

El 10 de julio de 1986 comparecieron Guillermo Arturo Beattle y Juan Carlos Díaz, empleados civiles del Ejército. Ambos eran los dos hombres que, buscando a Rodolfo Capalozza, se presentaron en Santa Isabel de Hungría ante el padre Sueldo Luque con credenciales falsas a nombre de Gerardo Abel Borardo y Jorge Claudio De Marco. Interrogados por la utilización de identidades apócrifas dijeron haber cumplido órdenes de su superior en el batallón 601, el en ese entonces teniente coronel Riveiro.

Ante la citación del juez Blondi, el militar no accedió a declarar ante el tribunal civil escudándose en que por su condición castrense debería hacerlo ante el Consejo Supremo de las Fuerzas Armadas.

¿Será justicia?

Aníbal Ibarra, procurador fiscal federal en la causa N° 7970 caratulada "Barbeito Salvador s/ víctimas de homicidio":

"...Veamos ahora qué sucedió a partir de la recepción en la comisaría 37a. de la Policía Federal de la noticia acerca de la existencia de dos automotores sospechosos con gente en su interior que se comunicaban entre sí en forma personal y a través de juegos de luces. Ante esa noticia, que fue proporcionada por el hijo del entonces gobernador de la provincia de Neuquén ante el temor de un ataque terrorista contra su padre -que vivía en la esquina de la parroquia-, se comisionó un patrullero para que investigara la cuestión -recuérdese que corría el año 1976 y se estaba en una época en donde la violencia extremista era por demás frecuente.

Arribado al lugar de los sucesos el entonces ayudante Romano, dialogó con uno de los autores del múltiple homicidio (el único, según él, que estaba en el lugar) y, viendo que el otro vehículo sospechoso estaba vacío, se 'conformó' con la presentación de la documentación personal del desconocido, con la exhibición de los papeles del rodado -nada de lo cual registró - y con la explicación de que estaba esperando a su novia que había concurrido a una fiesta.

Esto es francamente increíble y agrede al sentido común. Una persona experimentada en procedimientos policiales (ver sus propios dichos de Fs. 184) concurre en plena noche a un lugar en donde había dos vehículos sospechosos con personas en su interior, que eran personas sospechosas por las actitudes descriptas y que fueron observadas y denunciadas por Julio Martínez y se encuentra, según su versión, con que uno de los autos estaba vacío y que sólo había una persona que brindó una excusa tan sencilla como inexplicable con relación al accionar sospechoso que se había denunciado.

Frente a ello, al ayudante Romano no se le ocurrió preguntar sobre la posible vinculación con el otro automóvil, ni realizar ninguna averiguación sobre lo que se le había ordenado que aclarara, ni siquiera se le ocurrió comprobar si el individuo estaba armado o si la fiesta aludida existía, o dónde era. No, dicho funcionario policial no hizo nada de eso sino que, por el contrario, le creyó a un desconocido -reitero, en julio de 1976- sobre quien una persona con sobrados argumentos había formulado una denuncia; para ser estrictos, no sólo con respecto a él sino contra varios sospechosos.

A esta altura, entonces, considero que el relato proporcionado por Romano es increíble -en el sentido literal de la palabra-, por lo que debe desecharse.

Debemos en consecuencia buscar, sobre las pruebas colectadas, qué es lo que sucedió. Y, en esa búsqueda, llego a la conclusión de que el ayudante Romano individualizó a las personas que estaban en uno de los Peugeot (y digo a las personas porque el nombrado mintió cuando expresó que sólo encontró a una, lo que se desprende, además, de la secuencia lógica de los hechos y de las manifestaciones de Julio Martínez).

... En tales condiciones, es evidente que los integrantes del rodado le hicieron saber que la intención de ellos no era el general Martínez sino que, por el contrario 'reventarían a unos zurdos'. Eso, obviamente, tranquilizó al ayudante Romano, quien se dirigió entonces a avisar al custodio del mencionado ex gobernador de Neuquén lo que realmente iba a ocurrir.

Esta forma de ocurrencia de los sucesos surge, como se dijo, de las pruebas referidas y, por otra parte, explica la inmediata retirada del patrullero del escenario del crimen, la omisión por parte del comisario Rafael Fensore de incorporar al expediente ese importante incidente - recién se hizo tres días después de producido el múltiple homicidio y a partir de la directa intervención del entonces juez federal-, la escueta declaración recibida por el nombrado Fensore a Julio Martínez y otras cuestiones que, de otra forma, no admitirían explicación (ver declaraciones del sacerdote Sueldo Luque donde relata las anomalías que advirtió en el procedimiento policial).

Resulta así que el entonces ayudante Romano supo, en el cumplimiento de sus funciones, lo que iba a ocurrir en la parroquia San Patricio y con su actitud -tratando incluso de evitar la posible intervención del custodio del general Martínez- permitió que ello ocurriera, por lo que solicito su procesamiento.

También, y por todo lo antes expuesto, solicito el procesamiento del ex comisario de la Seccional 37a. de la Policía Federal, Rafael Fensore.

Proveer de conformidad.

Que será justicia".

Aníbal Ibarra
Fiscal

Los abogados de Romano y Fensore presentaron un pedido de prescripción de las causas en 1986, pero ante la importancia de las acusaciones (encubrimiento, complicidad y e incumplimiento de deberes de funcionario público), el juez rechazó el pedido.

En el mes de junio se dispuso la segunda clausura de la causa. Al mismo tiempo, finalmente se hizo lugar a la solicitud de prescripción de la acción iniciada contra Fensore y Romano, los que fueron desprocesados.

Barrio de Belgrano

"El barrio era caldo de cultivo para que pasara lo que pasó", concluyen varios de los antiguos feligreses de San Patricio.

"Que en la esfera de la Policía Federal Argentina, el aparato represivo ilegal comenzó a estructurarse a partir del año 1971 en torno a la figura del comisario general Alberto Villar, quien se desempeñaba entonces como director general de Orden Urbano, cargo que comprendía la jefatura de los principales cuerpos represivos policiales, Guardia de Infantería, Policía Montada, Unidades móviles de Represión y División Perros. Estos cuerpos están especializados en la lucha contra la guerrilla urbana y en la represión política. Desde sus funciones oficiales, Villar comenzó a desarrollar en torno suyo una estructura paralela para la realización de acciones violentas ilegales.

Los integrantes de esa estructura paralela se organizaron como una especie de logia o club, llamado "De las caras felices", y se reunían habitualmente en la sede de la Fundación Salvatori, en el barrio porteño de Belgrano. El presidente de la Fundación era amigo personal de Villar y conocía el carácter de las reuniones que se realizaban...".

(Declaración prestada por el ex oficial de la Policía Federal Rodolfo Peregrino Fernández ante la Comisión Argentina de Derechos Humanos).

"...Habiendo sido presidente de la Liga de Padres de Familia de la parroquia, teniendo relación con el extinto padre Pedro Dufau, de quien era amigo. Que dejó de ser presidente de la mencionada Liga hace cuatro años. Que a partir de 1974 se produjo un acentuado vuelco en la prédica y en los sermones. La tendencia fue hacia la izquierda en forma muy acentuada. Tanto es así, que el padre Petty, que estimo es jesuita, en un sermón efectuó el elogio de la guerrilla. Que quien posiblemente influyó en ese vuelco fue el párroco, padre Alfredo Kelly. Que contrario a esas ideas en forma total era el padre Dufau, quien, inclusive, le aconsejó que se retirara de la parroquia, lo que así efectuó el declarante junto a otros feligreses. Que el padre Kelly estaba relacionado con muchos jóvenes, quienes concurrían a la parroquia, siendo estos jóvenes totalmente ajenos al barrio, y por ende, a la parroquia. Que por sus actitudes, cantos, etc., era evidente que pertenecían al llamado 'Tercer Mundo'...".

(Testimonio brindado ante el juez Rivarola el 30 de setiembre de 1976 por el vicecomodoro retirado Mario Alfredo Bárcena, cuyo domicilio linda con la parroquia de San Patricio).

Más interrogantes

¿Dónde se firmó la sentencia de muerte de la comunidad de San Patricio?

180

¿En el Dorado, el salón de la Escuela de Mecánica de la Armada, donde se realizaban las planificaciones de los operativos a cumplir?

¿Fue su director Rubén Jacinto Chamorro o su subalterno Jorge Acosta (a) el Tigre, quien decía "escuchar la voz de Jesucristo diciéndole quién se iba para arriba", los que impartieron la orden al GT 3 mandado por Antonio Pernías?

¿Quiénes aportaron los informes que provocaron la masacre?

¿Ex miembros del vecino Club de las Caras Felices, miembros del activo batallón de Inteligencia 601, o simplemente vecinos de la parroquia relacionados con el poder militar?

¿Cuántos de los integrantes del gobierno de facto conocieron o autorizaron la masacre?

¿El general Carlos Guillermo Suárez Mason (a) Sam, al mando de la zona 1 en su despacho del regimiento de Avenida Santa Fe y Bullrich, el hombre bajo el cual estaba desde el 24 de marzo de 1976 todo lo relacionado con las operaciones represivas de la Policía Federal?

¿Fue la reacción de miembros de la Policía Federal, molestos por el apego a la ley del general Corbetta?

¿Un operativo conjunto de grupos de la Armada y el Ejército?

¿De qué dependencia oficial partieron los verdugos en sus autos Peugeot?

¿Quiénes se dividieron el importante botín de guerra? Un reloj de oro que celebraba cuarenta años de vida sacerdotal y un juguete con forma de auto de carrera en blanco y dorado, ¿qué buen padre de familia, entre los integrantes del grupo asesino, lo ostentó como trofeo?

Un periodista

La cámara nacional de apelaciones en lo criminal y correccional iniciaba la segunda semana del juicio oral y público a los comandantes del Proceso de Reorganización Nacional.

El súbdito británico que con ayuda de una intérprete testimoniaba el lunes veintinueve de abril de 1985 ante el tribunal presidido por el doctor León Arslanian que juzgaba a Videla, Massera y Agosti, entre otros de los militares integrantes de las tres primeras juntas que gobernaron el país, se encontraba agobiado por los recuerdos que volvían a él después de seis años de haber abandonado Argentina.

Tres días antes, su testimonio se vio frustrado por la emoción y la fatiga ocasionadas por el viaje desde Charleston, su lugar de residencia en Estados Unidos, y los extenuantes interrogatorios preliminares.

También en abril, pero veintiséis años atrás, Robert Cox había llegado a Sudamérica contratado por el periódico *Buenos Aires Herald*. Aquí se había casado con una argentina con la que tuvo cinco hijos. Desde 1968, en que fue nombrado director del mismo diario, trató de darle un perfil más localista, las noticias ya no serían más sobre Buckingham Palace o la Casa Blanca, los lectores de habla inglesa también se enterarían de lo que ocurría con la Triple A o con Montoneros, y finalmente con la represión militar.

La objetividad de sus notas editoriales que el diario reproducía en castellano en páginas interiores le valió el ser tildado de "comunista" por sectores de derecha o de "imperialista" por la izquierda. Las amenazas que llegaban al diario solían tenerlo como destinatario, su posición conocida por el gobierno militar a través del apoyo que el *Herald* brindó a organismos defensores de los derechos humanos lo puso en la mira del régimen. Junto con artículos de periódicos franceses y norteamericanos, sus notas sobre los efectos de la dictadura eran traducidos por prisioneros-desaparecidos en el campo de concentración montado en la Escuela de Mecánica de la Armada.

La difusión que el diario hizo de la conferencia de prensa brindada por Montoneros en Roma en abril provocó su arresto en junio de 1976, en los calabozos de la Superintendencia de Seguridad Federal. Paradójicamente, en el momento en que llegaron a la redacción de la calle Azopardo, Cox escribía un editorial sobre la implementación de la legalidad en las detenciones. Después de su liberación, las presiones continuaron sobre su familia, en especial sobre su hijo Peter. La indefensión de este y el resto de sus pequeños hijos lo llevó a la postergada decisión de abandonar el país en diciembre de 1979.

Muchos de estos recuerdos, el clima de fiesta con que muchos sectores vivieron el golpe de 1976, la incomprensión, el alejamiento de algunas de sus amistades por considerar su trato peligroso, acompañaban a Robert John Cox en el momento en que desde el estrado de los testigos se refería al asesinato de los palotinos de Belgrano.

- "Con Pío Laghi nos reunimos en una habitación en penumbras de la Nunciatura, nos sentamos muy cerca uno del otro junto a una mesa baja, estábamos los dos solos, Pío Laghi y yo, ambos teníamos la misma impresión, que esto no era un incidente aislado, sino que era una de las piezas del rompecabezas que iban cayendo en su lugar. Por supuesto, él sabía mucho más que yo...

Recuerdo cuáles fueron sus palabras. Me dijo: 'yo tengo que darle la hostia a Suárez Mason, puede imaginarse lo que siento como cura'; hizo un gesto que no considero para repetir aquí, ante este tribunal, y dijo: 'sentí ganas de pegarle con el puño en la cara'.

...No creo que en ese momento Pío Laghi supiera quién era el responsable, yo creo, no puedo jurarlo, ahora sí sabe quién es el responsable y su crítica, si esa fuera la palabra apropiada, al general Suárez Mason, reflejaba su tristeza y horror frente a otros episodios que se habían producido. Y creo que él hacía responsable a Suárez Mason por cuanto estaba en el área bajo el comando de Suárez Mason...".

Balance

La pregunta durante estos años ha resultado inevitable. ¿Por qué? No hay una respuesta clara ni unilateral. ¿Fue un ataque destinado a silenciar a la Iglesia? ¿O a sectores religiosos de izquierda?

Por qué elegir a un grupo de religiosos de una congregación que no tenía un gran peso dentro de la Iglesia de Argentina, que no pertenecían como grupo a sectores de los más avanzados, de los más comprometidos? La sorpresa de los integrantes de estos sectores al conocerse la masacre de los palotinos fue grande. ¿Por qué a ellos? Surgieron otras interpretaciones que intentaron contestar esta pregunta. Muchos quisieron ver en el hecho un error en la elección del blanco a atacar.

Para avalar esta hipótesis se ha tenido en cuenta la confusión de Rolando Savino al identificar a Emilio Neira y no a Emilio Barletti. La insostenible versión acerca de un error de los asesinos al atacar a la comunidad palotina en lugar de la pasionista no tiene en cuenta que los documentos de las víctimas se hallaban a los costados de los cadáveres. Los asesinos habrían estado un buen rato identificando a las víctimas antes de matarlos.

La militancia de Emilio como causa del asesinato tampoco es verosímil, si tenemos en cuenta las últimas páginas del diario de Alfie Kelly "... Y mi muerte física será como la de Cristo un instrumento misterioso, el mismo Espíritu irá a alguno de sus hijos, pedí para que fuese a Jorge y a Emilio...". Las amenazas de muerte, los rumores y calumnias tenían a Alfie como protagonista y no al seminarista, al que la lógica (no del todo ausente en los operativos de la represión) hubiera convertido en un desaparecido más.

Más allá de las especulaciones, lo cierto es que a veinte años de la madrugada del cuatro de julio de mil novecientos setenta y seis no se conoce con certeza absoluta a los autores del crimen, la Armada, el Ejército, o grupos parapoliciales. Las sombras siguen protegiéndolos. De ocho a diez hombres ejecutaron la masacre de San Patricio, cumpliendo sin duda las órdenes impartidas por otros hombres que contaron con la complicidad de otros más.

Hasta el momento, las sordas almohadas han sido las confidentes de las conciencias infectas, como cita el padre Ryan.

Pero ha sido definitorio el silencio de las Fuerzas Armadas, la ausencia de una investigación cabal, la ley de Punto Final, para que la masacre de San Patricio sea una afrenta más a la justicia. Mientras tanto, esos hombres, los asesinos, caminan entre nosotros, comulgan entre nosotros.

Si el último rehén de las Fuerzas Armadas ha sido la información, reclamada a lo largo de los años por organismos de derechos humanos, la justicia ha sido el primer rehén de la democracia en Argentina.

Capítulo XIV

Lo que agrada al Señor...

Sepan discernir lo que agrada al Señor
y no participen de las obras estériles de las tinieblas;
al contrario pónganlas en evidencia
(Efesios 5,10).

Con el retorno de la democracia y en el transcurso de los años siguientes, la Iglesia de Argentina ha sido acusada de complicidad con la dictadura militar, en especial la jerarquía eclesiástica. Señalada por muchos como "la Iglesia del silencio", se ha escrito abundantemente sobre este tema.

Si bien los nombres de obispos como De Nevares, Zaspe, Angelelli, Hessayne, Novak y otros religiosos sirven para oponerse a estas acusaciones, la conciencia de la institución deberá hacerse cargo de la debilidad, la omisión, la connivencia y el miedo que ha existido entre sus filas.

Pero bien es cierto que la mala memoria de la sociedad argentina encubre a algunos de los que hoy levantan su dedo acusador convertidos en guardianes morales de esta misma sociedad.

La tradición judía nos habla del *Tzadik*, el justo, como el ideal de la perfección humana. Pocos son quienes se comportaron como tal en los tiempos de injusticia y violencia que castigaron a nuestro país. La negativa al silencio, a mirar hacia otro lado, a mentir sobre lo que se sabía, fue una actitud asumida por justos emblemáticos de los que no es ocioso en estas páginas recordar sus nombres: el Rabino Marshall

Meyer[21], Ernesto Sábato, María Elena Walsh, Robert Cox o Magdalena Ruiz Guiñazú, entre otros.

En una ocasión, un obispo dijo que ellos han sido los menos culpables, en cuanto al silencio cómplice. ¿Por qué sacerdotes desde los altares o periodistas desde los medios de información no desafiaron la evidente censura impuesta dando a conocer los documentos del episcopado argentino durante los años de la dictadura?

La fuerza de tres de estos documentos y los testimonios de los obispos Hessayne, Galán y Laguna, tres visiones diferentes del Episcopado, hablan por sí solos de la actitud tomada por la Iglesia de Argentina en defensa de los derechos humanos. Que sean entonces ellos quienes tomen la palabra.

Testimonios

Monseñor Justo Laguna, obispo de Morón

La actitud de los obispos con respecto a los palotinos asesinados ha sido de excesiva prudencia, entre nosotros también se había logrado infiltrar el "en algo andarían". Creo que eso nos paralizó, actuamos como si hubiéramos estado avergonzados.

Recuerdo cuando Pío Laghi, el nuncio papal en Argentina, nos comunicó la noticia en la consagración episcopal de monseñor Espósito, obispo de Zárate-Campana.

No podíamos creerlo, ¿cómo se habían atrevido a atentar contra una comunidad tan respetada, con tanta trayectoria como San Patricio, que es el alma religiosa de esa zona de Belgrano?

Recuerdo muy bien al P. Leaden, un hombre de tanta bondad.

Los obispos hemos tenido cierta indiferencia con respecto al tema, deberíamos haber tenido una actitud mucho más contundente. Las posturas de los obispos De Nevares, Novak y Hessayne fueron acompañadas por muy pocos de nosotros, ellos sí han sido verdaderos héroes en todo lo que tiene que ver con la defensa de los derechos humanos.

[21]. Rabino de la comunidad de Bet-El en los años '60 y '70, de origen norteamericano, defensor de los derechos humanos. Falleció en 1993.

¿Si pudimos hacer más? Como hemos dicho con algunos de mis compañeros: ¿qué duda cabe?

En cuanto a lo ocurrido en San Patricio, es cierto, es la mayor tragedia de la Iglesia Católica argentina.

Monseñor Carlos Galán Barry. (Arzobispo de La Plata. Desde 1970 a 1977, secretario de la Conferencia Episcopal).

- ¿Qué recuerdo tiene de aquel día?

- Recibimos la noticia junto al nuncio Pío Laghi, en Campana, durante la consagración del obispo Espósito. Cuando llegamos a San Patricio, nos costó entrar al templo. Había una verdadera multitud intentando penetrar en él. Allí tuvimos una impresión más clara. Las noticias fueron llegando después de una manera confusa. Recuerdo la misa concelebrada, nunca se había visto hasta el momento una cantidad así de sacerdotes. En esa misa se hallaban presentes las autoridades del gobierno militar, ellos dieron su palabra de que se averiguaría y se sabría, que el hecho era algo inadmisible. Sin embargo, todo se fue desdibujando y se rodeó de una bruma de la que hasta ahora, que yo sepa, no se ha salido.

El caso de los padres palotinos, de los que yo sólo conocí al P. Leaden, aunque de una manera circunstancial, simplemente por ser el hermano del obispo Leaden, a los otros no los conocía, pero fueran quienes fuesen era una cosa horrible, que causó un hondísimo impacto en las filas católicas y en la Conferencia Episcopal donde quedó siempre como un dolor grande entre nosotros. La carta que enviamos años después al superior P. Ryan era lo menos que podíamos hacer con la esperanza de que tuviéramos alguna publicidad.

-¿Elevaron algún informe a Roma?

- Bueno, esas cosas corrían por cuenta de la Nunciatura, probablemente ellos sí lo hicieron.

En mayo de 1977, la Asamblea encargó al cardenal Primatesta que informara a Roma acerca de la situación en Argentina, el cardenal me pidió que lo acompañara para redactar el informe allí. Quería así evitar una posible revisión del equipaje. Estuvimos en una casa de religiosas y basándonos en nuestra memoria lo redactamos y entregamos al papa Pablo VI. He de ser sincero: no quisimos tomar partido, sólo representamos el sentir de la Iglesia. Intentando ser objetivos.

- ¿Conserva una copia?

- No.

- ¿No es costumbre conservarla?

- Sí.

- ¿Cree que hicieron lo suficiente?

- Yo creo que sí. No sé qué más se hubiera podido hacer, tampoco tenemos el resorte de la autoridad pública para lograr el resultado que nos hubiera gustado. Es verdad que otras personas hubieran actuado de distinta manera, en estas cosas las posiciones nunca son apodícticas, es decir, la posición cristiana admite distintas posturas. Lo que a nosotros nos parecía correcto, otros podrían interpretarlo de otra manera y obrar de otro modo.

Lo que no admito de ninguna manera es que se piense que no actuamos por miedo o connivencia con el poder militar. ¡Dios nos libre!

Monseñor Miguel Esteban Hessayne, obispo de Viedma

Yo estaba aquel 4 de julio en un pueblo aislado de la Patagonia, allí recibí la noticia por la prensa.

Más allá del documento del Episcopado refiriéndose al tema, creo que el primado Aramburu debió iniciar una investigación con mayor energía, el mismo Pío Laghi, el nuncio, en su función como tal pudo haber actuado en forma más decidida, más pública, por aquello que ya dijo el papa Pío XII "... le falta la opinión pública, algo le falta a la Iglesia".

Ha faltado una denuncia, una condena pública de la Iglesia, en parte del Episcopado argentino existe el criterio sedimentado de que el respeto a la autoridad hace suponer que ella no ha cometido delito ninguno. Yo no acuso de mala voluntad, pero no estoy de acuerdo con ese falso concepto. No se debió actuar tan secretamente, tan políticamente, con los que quizás eran responsables del crimen.

Lamento profundamente que la Conferencia Episcopal, pudiendo emular la actitud de la Iglesia de Chile en su defensa de los derechos humanos, no haya mencionado con más frecuencia el hecho. Hubiera sido una manera de presionar. Mi juicio, basado en mi propia experiencia en este campo, es que la Conferencia Episcopal ha sido débil frente al gobierno militar. En este caso y en otros, en que de haber cambiado de actitud se hubieran salvado muchas vidas.

Documentos

Carta de la comisión ejecutiva de la Conferencia Episcopal Argentina a la Junta Militar.

Sobre el incalificable asesinato de una comunidad religiosa.

Buenos Aires, 7 de julio de 1976.

Excelencias:

Los abajo firmantes, miembros de la Conferencia Episcopal Argentina, hemos tenido hoy nuestra habitual reunión periódica de dicha comisión y en la misma, como era obvio, consideramos los graves hechos de violencia que han sacudido últimamente y en forma antes desconocida al país, hiriendo íntimamente el corazón de la Iglesia.

Nos referiremos, naturalmente, al incalificable asesinato de una comunidad religiosa en la parroquia de San Patricio, en Buenos Aires. Sabemos por la palabra del señor ministro del Interior y por la presencia en las exequias del señor ministro de Relaciones Exteriores y Culto y de altos jefes militares, cómo el gobierno y las fuerzas armadas participan de nuestro dolor y, nos atreveríamos a decir, de nuestro estupor.

Pero no podemos ni queremos hacer sólo hincapié en aquel luctuoso crimen, porque además todos los días la crónica periodística nos trae la noticia de otras muchas muertes sobre las cuales el tiempo pasa y nunca se sabe cómo ocurrieron, quién o quiénes son los responsables. Todo ello causa en nuestro pueblo inquietud y desasosiego. Nos preguntamos, o mejor dicho, las gentes se preguntan, a veces sólo en la intimidad de su hogar o del círculo de amigos porque el temor también cunde, qué significa todo esto; qué fuerzas tan poderosas son las que con toda impunidad y con todo anonimato pueden obrar a su arbitrio en medio de nuestra sociedad. También surge la pregunta: ¿qué garantía, qué derecho le queda al ciudadano común?

Evidentemente, esta situación produce incertidumbre en el pueblo y no ayuda a la ansiada pacificación, desvirtuando la imagen de la positiva aspiración y acción del gobierno.

Fundados en la experiencia cotidiana del recurso a la Iglesia de toda clase de personas, quisiéramos asimismo reiterar el pedido del documento de la XXXIII Asamblea Plenaria de la Conferencia Episcopal Argentina sobre la situación de los presos y la posibilidad de alguna información que tranquilice a sus familias.

Todos deseamos, y nos sentimos con el derecho de decir que los obispos lo anhelamos como el que más, un porvenir de paz, de progreso, de libertad, de fraterna convivencia en el país, acorde con nuestras mejores tradiciones. ¿Acaso no son estas, cuánto más antiguas y arraigadas, tanto más cristianas? ¿Qué mejor podríamos desear que una reafirmación efectiva de los cánones del pensamiento que dieron a nuestra patria su ser y su libertad? Tales cánones y pautas son cristianos. Por lo mismo, tenemos la responsabilidad de decir que buscamos una patria donde el derecho sea el que reine para todos sus hijos, afianzando el logro del bien común.

Respondiendo a la urgencia de nuestras comunidades, hemos querido hacer estas líneas, seguros de la comprensión de Vuestras Excelencias, de quienes conocemos los altos ideales y la generosa actitud hacia la patria, sus instituciones y sus ciudadanos, haciéndonos así portavoces de mucha gente que no sabe o no se atreve a dirigirse a los jefes del país.

Como pastores de la grey, pedimos a Dios nuestro Señor, dé a Vuestras Excelencias luz y fortaleza para cumplir la alta y honrosa responsabilidad que les compete.

Firman la carta: Cardenal Raúl Primatesta, Presidente de la Conferencia Episcopal Argentina; Cardenal Juan Carlos Aramburu, Vicepresidente segundo de la Conferencia Episcopal Argentina; monseñor

Vicente Zazpe, Vicepresidente primero de la Conferencia Episcopal Argentina.

Carta de la Comisión Permanente de la Conferencia Episcopal Argentina sobre inquietudes del pueblo cristiano, por detenidos, desaparecidos, etc...

Buenos Aires, 17 de marzo de 1977.

Excelencias:
Teniente General Don Jorge R. Videla, Almirante Don Emilio E. Massera, Brigadier General Don Orlando Agosti.
Buenos Aires

Excelencias:

Como es habitual, en esta época del año se ha reunido la Comisión Permanente de la Conferencia Episcopal Argentina que integramos los abajo firmantes Presidente y Vicepresidente de la Conferencia y los delegados de las provincias eclesiásticas del país, con el objetivo, según el estatuto de la misma, de "auscultar de continuo la vida de la Nación y sus problemas en relación con los intereses de Dios y de la Iglesia".

Nuestra preocupación es, por lo mismo, sólo pastoral, como corresponde a nuestro ministerio en la Iglesia de Dios. Respondiendo a ese ministerio que tratamos de cumplir lo mejor que nuestras débiles capacidades y fuerzas humanas lo permiten, recibimos cotidianamente las inquietudes del pueblo cristiano, que conoce e intuye la función de sus pastores y no pocas veces exige, además, con pleno derecho de hijo de Dios, orientaciones, aclaraciones o aun definiciones que lo ayuden a hacerse juicio sobre las circunstancias en que le toca vivir.

Vuestras Excelencias, con quienes la Presidencia del Episcopado ha tenido oportunidad de hablar varias veces, conocen y han valorado nuestra actitud desde su papel de gobernantes y de cristianos convencidos.

Por eso mismo, sin temor al riesgo de ser mal interpretados, queremos hoy transmitirles, con esta carta, las inquietudes que de todas partes nos llegan desde hace tiempo.

Ellas se refieren a la situación de no pocos conciudadanos a quienes el reclamo de sus parientes y amigos presentan como secuestrados o desaparecidos, por la acción de grupos de personas que dicen ser de las Fuerzas Armadas o policiales y obran en su nombre, sin que sea posible, en la gran mayoría de los casos, ni a aquellos sus deudos, ni a las autoridades eclesiásticas que tantas veces han intercedido, lograr siquiera alguna información a su respecto.

A ello se añade el hecho de muchos presos a disposición de Poder Ejecutivo nacional, cuya autoridad para proceder a detenciones reconocemos, dentro del marco legal vigente, y de otros detenidos bajo proceso que según sus declaraciones o las de sus familiares, han sido sometidos a apremios ilegales, de calidad y características tales que hubiéramos juzgado inconcebibles en el modo de ser argentino y que, por cierto, son para el cristiano inaceptables en conciencia. En verdad que de esto, Excelencias, hay un clamor en el país, que no nos es dable desconocer.

Aún otro punto todavía: los mismos presos bajo proceso ven su causa prolongarse por años, sin llegar a una sentencia que aclare definitivamente su situación. Sobre los presos habría que señalar también las dificultades que se nos indican en cuanto a su posible asistencia espiritual si lo desean.

Como punto que complete este cuadro, que no intenta ser descriptivo, debemos notar los casos que nos son presentados de abuso contra la propiedad en las operaciones de represión : desaparecen todo tipo de objetos que nada pueden tener que ver con una adecuada averiguación policial.

Reconocemos, en verdad, la situación excepcional por la que pasa el país. Sabemos de la amenaza a la vida nacional que la subversión ha significado y significa. Comprendemos que quienes son los responsables del bienestar del país se hayan visto precisados a tomar medidas extraordinarias. Los mismos obispos lo decíamos el año pasado en la carta que publicamos en el mes de mayo. Comprendemos también que por un cúmulo de circunstancias, en que entran a jugar intereses de todo orden, pareciera haberse desatado contra la Argentina una campaña que nos duele como ciudadanos amantes de la patria que somos y por nada quisiéramos vernos involucrados en posturas de reclamo de las que no conocemos el origen, y que a veces son harto dudosas en sí mismas.

Pero fuerza es reconocer que los hechos de los que a nosotros nos han llegado noticias, han dado pábulo suficiente para el nacimiento de todo tipo de rumores y quejas, algunas de ellas mas allá de toda sospecha y nacidas solo del anhelo de ver respetada en el hombre la imagen de Dios.

Bien sabemos que ha habido desde hace años en nuestro país un accionar de las fuerzas del mal que se tradujo en todo tipo de atentados contra la vida y la fama de las personas, de los cuales fueron víctimas no pocas veces los militares, así como contra la propiedad, todo lo cual hemos condenado particular y colectivamente más de una vez. Nadie puede ignorar la posición del Episcopado Argentino a ese respecto.

Mas ahora, pasado un año del comienzo del presente proceso nacional, nos encontramos, al recibir las proposiciones de los señores obispos para esta reunión de la comisión permanente, con que de todas partes de la República arriban quejas similares, que se traducen finalmente en un pedido algo mezclado de reproche: ¿Por qué los obispos no hemos hablado denunciando claramente una situación de hecho, aunque se ignoren los responsables de las acciones individuales, que hiere la conciencia cristiana? Hoy, como siempre y como en toda circunstancia, conserva su valor el principio de que el fin no justifica los medios.

Los obispos a quienes representamos en esta comisión no hacen con dicha propuesta sino recoger el anhelo de tantos de sus fieles, y sobre todo de sus sacerdotes. Son los sacerdotes en contacto inmediato con el pueblo fiel, con sus avatares, con sus necesidades, con sus angustias, quienes sienten en toda su intensidad este llanto desconcertado de tantas familias que no saben en muchísimos casos si su pariente vive o está muerto, no conocen ni alcanzan a sospechar de qué puede estar acusado, viven la lacerante perplejidad de no tener amparo al cual acudir, como si el ordenamiento legal, condición de toda civilización, hubiera desaparecido de entre nosotros.

Asimismo, se nos dice no pocas veces que se anuncian muertes que parecen no avenirse a enfrentamientos con las fuerzas de represión.

Como es de público conocimiento, los obispos vamos a celebrar en la primera semana de mayo una de nuestras asambleas anuales. El pedido de tantos hermanos para que en ella sea tratado este problema de la debida consideración a la imagen de Dios que está aun en el más culpable de los hombres, nos hace insoslayable su consideración en aquella asamblea.

Nosotros quisiéramos sinceramente, a fuer de argentinos y amantes del orden, poder llegar a aquel momento de la asamblea, con un caudal de nuevos hechos que nos pusiera a todos, claramente, ante la prueba de que la Argentina es siempre un país donde la fe cristiana produce en todos y en su ordenamiento legal y práctico el fruto del respeto por las normas, así sean ellas severas, si la necesidad lo pide, que garanticen a cada ciudadano contra la arbitrariedad o la pasión ciega, por muy buenas finalidades o intenciones que esta pueda argumentar.

Por ello nos atrevemos a pedir, muy respetuosamente, a Vuestras Excelencias, seguros por otra parte, de ser oídos, la concreción de medidas que restauren la confianza en tantos de nuestros conciudadanos que se ven golpeados, sin saber a qué atribuirlo, y que comprenden que los culpables sean castigados, pero dentro de normas reconocidas. Ello será también paz y serenidad para el pueblo, que sigue con esperanzada ansiedad el accionar del gobierno del que Vuestras Excelencias detentan[22] la suprema responsabilidad.

Nuestro gozo de ciudadanos, de cristianos y pastores sería colmado si pudiéramos en el mensaje que demos a publicidad en nuestra próxima asamblea de mayo, hablar al pueblo nuestro sólo de confiada esperanza, de sereno esfuerzo y de valiosa colaboración para el bien común.

Si a Vuestras Excelencias les pareciera conveniente dialogar sobre cuanto aquí dejamos expresado, quedamos gustosamente a su disposi-

---

[22] El término detentar, del latín *detentare*, significa "retener uno lo que no es suyo". Frecuentemente se comete el error de creeer que dicho término es sinónimo de ejercer.
Los obispos, algunos de ellos tan versados en latín y etimología, ¿habrán incurrido en este error, o a pesar de lo que considero cierto exceso de fórmulas corteses hacia los destinatarios de la carta, se han permitido indicarles que estaban usurpando el poder?

ción: la meta es común, el bien de la patria; los enfoques deben ser complementarios, el orden espiritual y el material; el amor por la patria y por nuestros conciudadanos nos une. La fe de cristianos produce en nosotros el lazo mas fuerte. Por ello esperamos de Vuestras Excelencias el gesto que hoy pedimos.

Dios guarde a Vuestras Excelencias.

Raúl Francisco Card. Primatesta, Arzobispo de Córdoba, Presidente de la Conferencia Episcopal Argentina; Juan Carlos Aramburu, Vicepresidente 2°; Vicente Zazpe, Arzobispo de Santa Fe, Vicepresidente 1°.

Carta de la comisión ejecutiva de la Conferencia Episcopal Argentina al delegado provincial de los padres palotinos, con motivo del quinto aniversario del asesinato de cinco religiosos de esa congregación.

Buenos Aires 4 de junio de 1981.

Señor Delegado Provincial
Reverendo Padre Cornelio Ryan
Buenos Aires

Reverendo Padre:

Próximo a cumplirse el quinto aniversario de la cruel muerte de los cinco religiosos palotinos asesinados en la parroquia de San Patricio en Buenos Aires, hecho aún no aclarado a pesar de los años transcurridos, quiero llevar a Vuestra Reverencia como Superior de esa familia religiosa, y en nombre de la comisión ejecutiva de la Conferencia Episcopal Argentina, la renovada expresión de nuestro dolor por la injusta violencia contra ellos cometida, al par que la reiterada esperanza de que su sacrificio haya sido acogido por el Señor como ofrenda de

195

propiciación, y frutos de amor, paz y florecimiento para la familia
palotina, para la Iglesia en nuestro país y para la patria toda.

Reciba mi cordial bendición, en Cristo y María.

+ Raúl Francisco
Cardenal Primatesta,
Arzobispo de Córdoba.
Presidente de la Conferencia Episcopal Argentina.

CAMINANDO HACIA EL TERCER MILENIO

**Carta Pastoral de la Conferencia Episcopal Argentina
para preparar la celebración de los 2000 años
del nacimiento de Jesucristo.
San Miguel, 22 al 27 de abril de 1996.**

(Fragmentos).

Pecados contra la dignidad y los derechos del hombre.

18. A lo largo de la historia nacional, con frecuencia y de diversas
maneras, se ha disociado el anuncio del Evangelio de su debida proyección en la vida política. Esta disociación se manifestó cruentamente en
las décadas del 60 y 70, caracterizadas por el terrorismo de la guerrilla
y por el terror represivo del Estado. Sus profundas heridas no han
cicatrizado aún.

Sin admitir responsabilidades que la Iglesia no tuvo en esos hechos,
debemos reconocer que hubo católicos que justificaron y participaron en
la violencia sistemática como modo de "liberación nacional", intentando
la toma del poder político y el establecimiento de una nueva forma de
sociedad, inspirada en la ideología marxista, arrastrando lastimosamente
a muchos jóvenes. Y hubo otros grupos, entre los cuales se contaron
muchos hijos de la Iglesia, que respondieron ilegalmente a la guerrilla de
una manera inmoral y atroz, que nos avergüenza a todos. Por ello es

oportuno reiterar lo ya dicho: "Si algún miembro de la Iglesia, cualquiera fuera su condición, hubiera avalado con su recomendación y complicidad algunos de esos hechos, habría actuado bajo su responsabilidad personal, errando o pecando gravemente contra Dios, la humanidad y la conciencia".

19. Desde los comienzos de esta tragedia se procuró anunciar, con toda claridad, el Evangelio de la justicia, de la convivencia social y de la reconciliación. Son numerosos los documentos que, desde fines de los años 60 y hasta las vísperas del retorno a la vigencia de la Constitución en 1983, atestiguan esta enseñanza sobre la necesidad del estado de derecho, la inviolabilidad de los derechos humanos, y la maldad de todos los crímenes contra las personas y contra la convivencia social.

Los documentos del Episcopado dan fiel testimonio de cuanto dijimos entonces sobre esos dolorosos fenómenos. Como síntesis de aquella enseñanza transcribimos unas líneas de "Dios, el hombre y la conciencia": Existen múltiples y dolorosos pecados contra la vida ajena. [...] En este tiempo algunos de ellos han adquirido particular gravedad, debido a su auge y al hecho de haberse producido de una manera sistemática. En efecto, han resultado de ideologías de diversos signos, subversivo o represivo, pero que han tenido en común la lesión violenta del derecho a la vida como medio de obtener cada una sus propios fines. Es así como se han planificado actos de terrorismo, torturas, mutilaciones, asesinatos. La Iglesia ha pedido un particular examen de conciencia en este campo, guiada por la convicción de que una revisión de la propia historia personal y social, servirá para construir con claridad y firmeza el futuro de la Nación."

Solidarios con nuestro pueblo y con los pecados de todos, imploramos perdón a Dios nuestro Señor por los crímenes cometidos entonces, especialmente por los que tuvieron como protagonistas a hijos de la Iglesia, sean los enrolados en la guerrilla revolucionaria, sean los que detentaban el poder del Estado o integraban las fuerzas de seguridad. También por todos los que, deformando la enseñanza de Cristo, instigaron a la violencia guerrillera o a la represión.

20. En aquel momento, el Episcopado juzgó que debía combinar la firme denuncia de los atropellos, con frecuentes gestiones ante la autoridad mediante la Mesa Ejecutiva de la CEA, la Comisión encargada de estos asuntos, o la acción individual de los obispos. Se buscaba encontrar soluciones prácticas y evitar mayores males para los detenidos. Hemos de confesar que, lastimosamente, se tropezó con actitudes irreductibles de muchas autoridades, que se alzaban como un muro impenetrable.

No pocos juzgan que los obispos en aquel momento debieron romper toda relación con las autoridades, pensando que tal ruptura hubiera significado un gesto eficaz para lograr la libertad de los detenidos. Sólo Dios conoce lo que hubiera ocurrido de tomarse ese camino. Pero sin lugar a dudas, todo lo hecho no alcanzó para impedir tanto horror.

Sentimos profundamente no haber podido mitigar más el dolor producido por un drama tan grande. Nos solidarizamos con cuantos se sientan lesionados por ello, y lamentamos sinceramente la participación de hijos de la Iglesia en la violación de los derechos humanos.

Capítulo XV

Relámpagos

No digas nada, lo que eres realmente relampaguea sobre ti
mientras lo haces y atruena con tal fuerza que no puedo oír
lo que alegas en su contra

(Emerson).

En un coqueto restaurante

Las revistas de actualidad consignaban el hecho de la manera acostumbrada: "La inauguración de un coqueto restaurante en la zona céntrica".

Setiembre aún permitía la exhibición de pieles sintéticas y sobretodos de buen corte. Enfundados en ellos, los invitados descendían las escaleras esa noche, procurando abandonar la expresión de hastío que los acompañaba al llegar al "restaurante que abre sus puertas".

Veinte años atrás, la similitud en las barbas y los largos cabellos y el proletario guardarropa los hacía difícilmente distinguibles unos de otros; esa noche el elegante *sport* que indicaba la invitación les volvía a conceder un aspecto igualmente uniforme.

Los años habían pasado, y en muchos casos la lucha por la Revolución había sido reemplazada por la de la figuración. Pero en fin, allí estaban para dar el presente[23] a sus antiguos compañeros de militancia. A medida que se iban encontrando alrededor de la bien provista barra, los temas eran múltiples: la persistencia del frío, el paso del tiempo, el

[23] Costumbre de la organización Montoneros, dar el "presente" por los compañeros muertos.

mejor o peor estado en que se encontraban. El whisky y los buenos vinos ayudaban a exteriorizar artificialmente la esperada alegría del reencuentro, disimulando así antiguas rivalidades que se habían potenciado durante el exilio. Sólo el desprecio con que designaban a los sobrevivientes jefes montoneros o al democrático presidente que los había hermanado con los militares responsables de la represión al firmar el decreto del indulto, les provocaba un sentimiento de unidad, un punto en común después de tantos años.

Sobrevino el inevitable intercambio de datos, números de teléfonos de oficinas gubernamentales o fundaciones donde intentaban calmar sus ahora "culposas conciencias burguesas", sobrevino también la certeza de que nadie, de que ninguno de ellos buscaría aquel prometido nuevo encuentro, sólo el azar o las relaciones públicas volverían a provocarlo.

Los dueños de casa se paseaban felices, ya podían considerar la velada un éxito social.

El maduro señor fue presentado al joven que había llegado a la reunión con la esperanza de acercarse a gente relacionada con alguno de los muertos en San Patricio.

- Así que vos sos el que está investigando lo de los palotinos. Yo los conocí muy bien, sobre todo al padre Leaden. Allá hacíamos algunas reuniones adonde íbamos gente de la Organización. Emilio, ese sí que era un "cuadrazo".

Su interlocutor no salía del asombro: era la primera vez que alguien de los muchos ex miembros de Montoneros con los que se había entrevistado y que relacionaban a la comunidad asesinada en forma global con Montoneros manifestaban conocer bien al padre Leaden. Sólo atinó a pedirle la descripción física del superior. La que dio a continuación coincidía perfectamente... con la del padre Kelly.

Preguntó sobre el entendimiento de Alfie acerca del carácter de esas reuniones. El hombre, con toda la sorna que su recientemente adquirida y lustrosa sonrisa le permitía, afirmó que así era.

También ellos intercambiaron números telefónicos.

Un hombre llamado Esteban

Pasaron los meses. Las pistas se diluían antes de llegar a un dato concreto. Finalmente, alguien dijo:

- ¿Hablaste con Esteban?

- ¿Esteban qué?

- El mayor Esteban.

No tenía nada que perder, aunque seguramente ganaría una nueva decepción. Marcando el prefijo de larga distancia pensó en que ese desconocido también le diría que "alguien me dijo que conocía a alguien que le dijo que había otro alguien que" conoció a un seminarista o sacerdote palotino. Molesto, le dijo a la voz del teléfono que solo si había conocido personalmente a alguno de los asesinados en San Patricio le interesaba un encuentro personal, ya que él no estaba realizando una investigación sobre Montoneros en especial. Algo en aquella voz lo llevaba a descargarse, a confesarse.

- Sí, conocí a Emilio. Yo era el jefe de su columna.

- ¿Vos venís de grupos católicos?

Se escuchó una risa ahogada.

- Diría que sí..., soy sacerdote...; bueno, en realidad ahora soy padre pero de familia.

La cita fue en un café de Flores.

Después de siete horas de charla continua, su memoria seguía siendo el caudal que el joven buscaba. Su discurso tenía la coherencia que a muchos de sus ex compañeros les faltaba.

La fría mirada clara adquiría calidez al recordar a Emilio u otros jóvenes que como él soñaron con cambiar el mundo. Por momentos, se podía vislumbrar en Esteban al joven sacerdote que alguna vez fue y que luchó por ese sueño.

Quedaron en verse en un próximo encuentro en Buenos Aires.

Cuando se produjo, el Fernet parecía seguir siendo su única adicción, y esta vez la excusa tan inesperada como lógica era favorecer la digestión que sucedía al almuerzo de ese jueves.

La creciente confianza permitió al novel investigador confiar al mayor Esteban aquel encuentro en la inauguración del coqueto restaurante, la confusión de identidades entre Kelly y Leaden.

Apuró el Fernet, la sagacidad que le había permitido actuar acertadamente en tareas de inteligencia afloró.

- Acá hay algo raro ¿Cuándo vas a verlo de nuevo?

- En una hora.

- Te acompaño.

Las puertas del viejo departamento donde aquel señor cumplía funciones de asesor se abrieron, y la sonrisa lustrosa quedó petrificada como el resto de su dueño al ver al mayor. Las jerarquías, aún después de tantos años, infunden respeto. Sin darle tiempo a los cumplidos de rigor, Esteban se instaló cómodamente en el despacho, más precisamente en el sillón que presidía el escritorio, dejando al anfitrión convertido en visitante y sin la seguridad que su papel de local le otorgaba. Sonriendo incómodo, preguntó al joven como marchaba la investigación, hizo algunos chistes sobre las viejas épocas y después de un prolongado silencio contestó a la pregunta del mayor:

- ... Y decime, che, cómo es eso de que los curas también estaban metidos, yo sólo conocí a Emilio.

- Bueno..., sí.

- Usted me dijo que el padre Kelly participaba de las reuniones —agregó el joven, que empezaba a ver la estrategia desplegada por el mayor.

- Sí...

- ¿Y cómo che?

- Bueno, Emilio y Pablito Gazzarri le pedían un salón para las reuniones.

- ¿Y el padre Kelly?

- Bueno... lo vi unas veces.

- ¿Cuántas?

- ... Unas tres.

- ¿En qué circunstancias?

- El saludaba... desde la puerta.

- ¿Y qué decía?

- "Buenas noches".

El aire acondicionado debía tener algún problema, porque el interpelado asesor transpiraba más de lo que se podía esperar a principios de otoño.

- Pero él ¿sabía o no?

- Bueno... No.

Mientras se despedían en una de las bocas del subte de Plaza de Mayo, el joven interrogó a su compañero. A la distancia, mujeres con pañuelos blancos rodeaban una vez más la pirámide coronada por la figura femenina que representaba a la República.

- ¿Por qué lo hiciste? Sabés que con esto la organización no va a poder reclamar para el santoral montonero al padre Kelly ni a los otros tres. ¿Por solidaridad con tus antiguos compañeros? De los curas hablo... ¿Por qué?

- Por la verdad. Alguien tiene que empezar a decirla.

Buenas noches, monseñor

- Buenas noches, buscaba a monseñor.

- Sí, lo estábamos esperando. El problema es con las luces, creo que hay una filtración en el techo, pero bueno..., usted sabrá cómo hacer su trabajo, mejor lo dejo con el sacristán.

- Perdón, creo que hay una confusión. Estoy investigando sobre la masacre de San Patricio. Fijamos una entrevista para esta hora.

- Ah... disculpe, esperábamos al electricista. Voy a disponer todo para recibirlo.

Monseñor se alejó rápidamente por la extensa galería convertido en un grueso ovillo en negro y morado. Reapareció entre clásicos sillones de tapizado rojo sangre y envuelto en una mística luz que proyectaba una lámpara a sus espaldas. Evidentemente ya había dispuesto todo para recibirlo.

- Ahora sí, bienvenido, hijo.

-Bien, como hablamos por teléfono, padre obispo - ensayó el joven, que había recibido clases de protocolo y buenos modales eclesiásticos por parte de un sacerdote amigo.

- No, no, por favor, todavía no soy obispo, sólo monseñor.

No pudo evitar una mirada esperanzada hacia la foto que registraba su encuentro con Juan Pablo II. Un gesto que resumía sus aspiraciones.

- Perdón, no lo sabía... Bien, tengo entendido que usted fue de los primeros en llegar al lugar del crimen.

- Sí, en aquella época estaba en una iglesia cercana. Me enteré por la gente que llegaba a misa de diez. Salí volando para San Patricio, había un gran desorden... ¿Nunca se supo quién los mató, no?

- Pensé que resultaba obvio.

- Ah... sí, claro. En aquella época nadie estaba seguro.

- ¿Conocía al padre Kelly, el párroco?

- Sí, de las reuniones en el obispado, era muy agradable.

- ¿Qué se decía de él? Tengo entendido que tenía fama de comunista, con todo el riesgo que eso implicaba.

- Sí, eso pasaba, había gente que se acercaba a nuestra iglesia y nos decía que predicaba... un poco fuerte... Me acuerdo un día discutiendo con otro sacerdote que decía que no era... ¿Usted no me dijo que era pariente?

- ¿De Kelly?... No, no lo soy. Dicen que nos parecemos.

- Sí, es muy parecido.

La expresión desconfiada de monseñor no pudo menos que recordarle al joven, shakesperiano lector, la reacción del rey Claudio ante el fantasma de su antecesor.

El entrevistado se volvió entrevistador.

- Y ¿como fue que se interesó en el tema... después de tantos años? ¿Es de la parroquia de San Patricio o los conocía?

- No.

- Ah... ¡Qué apellido tan raro el suyo!

- Sí, es de origen judío... pero se lo debo a una famosa institución relacionada con la Iglesia.

- ¿Ah, sí? ¡Qué bien!

El regocijo era notable.

- La Santa Inquisición.

- Ah...

En la puerta de la parroquia estrecharon sus manos.

-Entonces, cuando comencemos a filmar lo llamaremos.

- Bueno, es tan poco lo que tengo para decir...

- No estoy de acuerdo, todo lo que tiene para contar pinta muy bien la atmósfera de aquel tiempo.

- Hijo..., yo debería decirle algo.

Las manos de monseñor se humedecían entre las del joven.

- No sé como decirlo... pero yo acerca de esta conversación debería informar a la policía. Trabajo para ellos.

Su interlocutor esperó oír el remate de lo que parecía una broma. Pero el embarazo de monseñor ante la situación era evidente.

Como si fuera algo natural, un viejo *tranway* reciclado apareció por la calle lateral y cruzó la avenida en la noche de niebla. El sonido de la campanilla lo volvió a la conversación.

- ¿Pero usted no es sacerdote?

- Sí, claro, trabajo en tareas que corresponden a mi función: asesoramiento espiritual. Pero imagínese si aparezco en un documental, corresponde que informe. Recibimos una circular que ante cualquier aparición pública debemos informar...

- Pero, bueno..., si no aparece en el documental...

- Ah, no... claro.

- Bueno, quizás podríamos prescindir de su testimonio.

- ¿Le parece?

- Claro, es una lástima. Pero no quisiera exponerlo a una sanción.

- Bueno... No sé... me pongo en sus manos, hijo.

- Me parece la mejor solución, en el documental daría testimonio algún escritor comprometido y...

- Ah... le repito me pongo en sus manos hijo... aunque siendo así... no sé... realmente es una pena...

- Una verdadera pena. Buenas noches, monseñor.

Barrio de Belgrano, caserón de tejas.

"Olfateé la atmósfera de cobardía, de compromisos
o de prudentes silencios, por un lado;
de grosero abuso de poder,
de apetito abierto al oportunismo,
de bajezas demagógicas acopladas
a realidades arbitrarias, por otro;
atmósfera que siempre es o acaba por ser
el aire irrespirable de todas las dictaduras...

Marguerite Yourcenar, *Dar al Cesar.*

La viuda

- ...Bueno, le estaba diciendo. Entonces, nosotras siempre hacíamos colectas para ayudar a los pobres. Todo por los pobres.

- ¿Había muchos?

- No, pocos. Ahora debe haber más.

- ¿Qué recuerdos tiene de los sacerdotes?

- ¡Ay, Pedro!... Toda mi familia lo quería, siempre tan tranquilo y hablando todo el tiempo de religión. Que quiere que le diga, ¡si hay alguien a quien no tenían que matar, ese era Pedro!

- ¿Leaden?

- Un santo, un verdadero santo.

- ¿Alfie?

- ¿Kelly?... Yo prácticamente no lo trataba.

- ¿Por qué?

- No sé, no coincidíamos.

- ¿Me parece o no era la única?

- Y... no... Imagínese, con todos esos muchachos..., nos sentíamos de más. Mucha política.

- ¿Me decía que se fueron otros, recuerda los nombres?

- Sí. Nos fuimos a la Redonda, la verdad, una lástima. Gente muy valiosa, ¿eh?, el señor Müller, por ejemplo, decía que la parroquia se estaba llenando de muchachones de pelo largo, y bueno, Müller era muy derecho...

- Me imagino

- Ah, ¿lo conoció?

-No, por eso me imagino.

-Sí, una lástima, era un empresario... Una vez comió con Martínez de Hoz. Después estaba Margarita...¿ cómo era que se llamaba...? Ay, con los años una se olvida. Era la mujer de un licenciado. Y estaba la esposa de un coronel que también se fue con nosotros. Pobre Pedro, no tendrían que haberlo matado... Dunkel, se llamaba, Dunkel.

- ¿Quién ?

- El marido de Margarita, él es el licenciado Dunkel. Muy buena persona, es peronista pero muy buena persona, andaba metido en política, pero no con la guerrilla, en esa época era un personaje importante en el barrio.

- Dunkel...

- Si... ¿Lo conoce?

- No, pensaba en el significado en alemán: oscuro.

- Un hombre preocupado por el país, un verdadero nacionalista. Puede llamarlo de parte mía, enseguida le doy el teléfono, no sé si vive todavía, debe ser un hombre muy mayor... María, traé la agenda... María es una chica que tengo desde que ella tenía doce años, la trajimos del Chaco. Lo habían mandado a mi marido para abrir camino, el Ejército siempre hizo mucha obra... ¿Qué le estaba diciendo?... Ah, sí, María vivía en un rancho con sus familiares, que no parecían gente sino animales, así que le dije a mi marido que me la traía y él me dio el gusto... ¿Cómo?... Ah, no, no se casó, ella no es para eso, lo que pasa es que es muy compañera, todas la mañanas me acompaña a misa, yo por mi problema de reuma no voy sola a ningún lado. Acá está, andá no más, María, andá no más. Tome, este es el número, déle mis saludos.

- ¿Recuerda a otros?

- ¿La vió a Maussy?

- ¿No, quién es?

- La esposa del brigadier Rodríguez Olano. Ella también quiso irse. Parece que discutió con Salvador, él creía que todo lo podía hacer sin nosotras, que con solo traer gente nueva las cosas iban a funcionar, pero como ve, se equivocó..., siempre discutiendo con los que veníamos trabajando desde hacía tanto tiempo en la parroquia..., pobre Maussy, no la quería nada.

- ¿Quién?

- Salvador. Mire, una vez yo estaba con unas amigas que querían trabajar con los pobres como voluntarias, no me lo va a creer pero Salvador les empezó a hablar de san Agustín, de enseñar a pescar y no dar limosnas. Eso para mí era comunismo..., yo después le dije: Mire padre, yo acá vengo para escuchar hablar de Dios y no para que me hablen de política.

- ¿A quién?

- ¿A quién qué?

- ¿A quién le dijo eso?

- Ah, sí ... al Padre Kelly

- Recién me dijo que casi no hablaba con él.

- No, después de eso, no.

- ¿Usted sabía que en el barrio se estaban juntando firmas para echarlo por comunista?

- No, no creo, no me consta..., a mí no me pidieron nada ¿ De dónde sacó eso?

- El Padre Kelly lo escribió en su diario.

- ¿ Ah, él sabía ?

- Si, él sabía.

- Por eso, le decía, cuando llegó Kelly con los jóvenes no hubo espacio para nosotras. Así que me fui. Yo tengo un tío en el Opus Dei, así que me fui con ellos, yo no tengo necesidad de pedir que me acepten en un lugar donde no me quieren...No, no, está bien, apoye, apoye sus cosas acá..., espere que le hago lugar, le saco el portarretratos y ya está. ¿Vio quién es?

- ¿Su tío?

- No, por favor, es monseñor Escrivá de Balaguer.

- Ah...

- El fundador del Opus. Puse la estampita en el portarretratos.

- Oh...

- Esa es otra gente, Mire, si usted le va a hablar a un cura del Opus de política lo sacan carpiendo..., y así es como tiene que ser, pero no, ellos no lo entendían.

- ¿Quiénes?

- Salvador, Alfie, los otros, siempre juntos..., en cambio al pobre Pedro lo habían dejado solo.

- ¿Y Leaden?

- No, le dije que era un santo... pero en los últimos tiempos estaba cambiado. Siempre defendiendo a los muchachos y a Kelly. Me cambiaron mucho al Padre Leaden, él siempre con esa sonrisa y esa cara de bueno, pero en los últimos tiempos ya ni sonreía...; mire, yo creo que fue por lo del accidente...

- ¿Qué accidente?

- Sí, pobre, me acuerdo que a la consagración episcopal del hermano fue con la cabeza vendada, fue un accidente de auto en el 74 o el 75... y qué quiere que le diga..., para mí, él no quedó bien... de la cabeza, digo, porque fue en la cabeza. Si no, cómo iba a defender él también esas cosas...

- ¿Qué cosas?

- Y lo que le decía, la política. Ponerse a hablar de lo que pasaba ¿qué tenía que ver, me pregunto, para qué hablar así de...?

- ¿De desaparecidos?

- Creo que sí... Y, sí... lo que es cierto es cierto..., pero Kelly era el peor, eh. Pobre Pedro, él sí que no merecía que lo mataran.

- ¿En cambio, Kelly?

- Mire yo siempre fui muy franca. Creo que Kelly se la buscó. Mi marido y yo nos íbamos con un odio de esos sermones... Es que Kelly nos trataba de explotadores de sirvientas, era como si quisiera que compartiéramos lo que teníamos, lo que nos habíamos ganado... Con las cosas que decía, cómo no iban a pensar que la casa era un foco de la guerrilla... Pero bueno, yo trato de no ser rencorosa, eso no es de buen cristiano, en cuanto pasó lo que pasó yo volví...

- ¿Qué es lo que pasó?

- Lo de la muerte, qué va a ser... ¡y ojo, que hubo otros que no volvieron, eh!... ¡Por suerte mandaron al padre Mannion! ¡Qué hombre divino!... Y qué lindo que hablaba, unos sermones preciosos. ¿Por qué dice que sí con la cabeza, llegó a escucharlo?

- No, pero estaba pensando en uno de sus sermones, uno de los que dijo en 1977: "La primer arma que se disparó contra nuestros mártires ha sido la lengua de esta comunidad parroquial".

- Sí... Qué lindo... Ese hombre estaba inspirado por Dios... ¿Qué, ya se va?... Tenía tantas cosas para contarle...

Dunkel

- Sí, pase, acá tiene los patines. Me va a disculpar, pero mi marido tiene que salir enseguida, sólo puede atenderlo unos minutos.

- Está bien, mientras puedo hablar con usted.

- Sí, no sé, mi marido sabe más que yo.

- Por teléfono me dijo que sabía del papel que habían firmado algunos vecinos pidiendo la expulsión del padre Kelly...

- No, yo no ví nada.

- No es lo que me dijo ayer por teléfono.

- Pasó tanto tiempo, a veces me confundo, en cambio mi marido el licenciado Dunkel recuerda todo, es un hombre brillante, superior, y no lo dice la esposa de Adolfo, si no la del licenciado Dunkel..., aquí viene. Querido, el joven viene por lo de San Patricio, ya le expliqué que tenés poco tiempo. Yo los dejo.

- Tengo poco tiempo, así que tendrá que ser breve.

- Sí. Me dijo su esposa que está muy ocupado.

- Me informó que quiere saber sobre el infausto hecho, sobre la terrible tragedia.

- Sí.

- Bien, yo me había alejado en los últimos tiempos, llegaban jóvenes que rodeaban al párroco..., Kelly se llamaba... así que es poco lo que tengo para decirle... aunque uno de los padres me visitó un poco antes del asesinato, quería hablar conmigo..., supongo que para ver cómo podía ayudarlos, yo como político conocía a mucha gente, tenía influencias...

- Perdón, pero usted era un político peronista, ¿Qué influencias podía tener bajo un gobierno militar?

- Señor, yo integré La Comisión de Actividades Patrióticas, cuando la zurda nos quería infiltrar.

- ¿Entonces nunca tuvo problemas después del golpe?

- Por supuesto que no, ellos sabían muy bien con quién se metían.

Retrato

Diseñado en un principio con el fin de servir como hospital, el imponente edificio Libertad, sede del alto mando de la Armada Argentina, se levanta en la zona de Retiro. El piso número trece se destaca del resto de la construcción, un amplio ventanal se adelanta como una especie de mascarón de proa del blanco y estéril navío que jamás se hará a la mar; desde su iluminado despacho el jefe de la Armada Argentina observa el río.

Para llegar a él se atraviesa un largo y sombrío pasillo presidido por una extensa hilera de adustos personajes. Los antiguos ocupantes del despacho citado sirven de vigías, constantemente alertas a todo lo que atente contra la gloria naval. A medida que el visitante avanza por la mullida alfombra, la sorpresa comienza a asaltarlo: desde una de las pinturas que han registrado tan augustos personajes, un engominado morocho sonríe deslumbrante y dentífricamente. ¡Gardel! De inmediato el visitante busca atropelladamente en su cabeza razones para esa insólita presencia. Ah, sí... ¡claro!, por supuesto, el cambio de mentalidad de las Fuerzas Armadas, una evidente aproximación al sentir popular, a través de todo un gesto de buena voluntad, definitivamente algo está cambiando.

Cuando está a punto de hacerle una observación a su acompañante, un fornido guardia que lo escolta y vigila con desgano desde la planta baja, acerca de cuán pobladas pintó el artista las cejas del "zorzal criollo", la certeza de encontrarse en realidad frente al retrato del almirante Emilio Eduardo Massera lo inmoviliza, pero ya junto a él emerge, en el oscuro pasillo, un solícito edecán que luego de presentarse interroga al visitante sobre el motivo de su visita. Antes de responderle, se contesta a sí mismo que el ex almirante tiene, en la actualidad, excelentes motivos para sonreír.

Capítulo XVI

Sic transit gloria militaris mundi

Actos de servicio

A las 21:15 del 19 de febrero de 1984 en un vuelo procedente de Sudáfrica, el vicealmirante Rubén Jacinto Chamorro regresó a la Argentina. Un pequeño grupo de hombres lo aguardaba para proceder a su detención. Acusado de delitos contra los derechos humanos, Chamorro, alias Máximo, alias Delfín, fue puesto a disposición del Consejo Supremo de las Fuerzas Armadas, gracias al testimonio de sobrevivientes de la Escuela de Mecánica de la Armada que señalaron al antiguo director de la E.S.M.A como uno de los mayores responsables en los secuestros, torturas y asesinatos ejecutados por los hombres a su cargo durante los tres años en que ejerció la dirección del más grande campo de concentración creado durante la dictadura militar. La designación efectuada en 1976 premiaba una larga carrera iniciada el 19 de enero de 1945, cuando Rubén Chamorro ingresó a la Armada Argentina.

Padre de cuatro hijos, amante apasionado del fútbol, soldado fidelísimo, marido infiel, su unión con una de las prisioneras montoneras que pasaron por su reino de terror fue una de las tantas terribles paradojas que se vivieron en la locura cotidiana de la E.S.M.A.

Designado en 1981 agregado naval en la representación diplomática argentina de Sudáfrica, a la distancia siguió con una de sus lecturas favoritas: el suplemento deportivo que lo mantenía al tanto de los resultados del fútbol de su país. Al comienzo de la etapa democrática en Argentina, inició azorado otra lectura, la del documento suscripto por el Consejo Supremo de las Fuerzas Armadas que lo intimaba a regresar al país, para responder a los cargos presentados en su contra. La institución por la que había dado todo, a la que siempre le había sido fiel, comenzaba a darle la espalda después de cumplir con el trabajo sucio. En vano intentó el asilo sudafricano.

Confinado en el Apostadero Naval de San Fernando, mataba el aburrimiento recibiendo las visitas de familiares y de su amante y antigua prisionera convertida en su principal consuelo. Una mañana, un miembro de su familia se anunció en la entrada de la confortable prisión. El joven visitante, futuro sacerdote, observó con recelo el ir y venir de "la otra mujer", su presencia solícita y asfixiante. El vicealmirante rememoró los gloriosos tiempos en que recibía al visitante en su casa de director de la Escuela de Mecánica de la Armada. El joven recordó aquella vez en que ese hombre bajo y calvo con tono de suficiencia le confió: "con la Iglesia hemos aprendido lo que Perón no aprendió, por eso no nos metemos con ella". El muchacho no pudo dejar de observar la reciprocidad con que la jerarquía de Argentina había correspondido a ese gesto. Le habló entonces de la generación sacrificada, de los jóvenes que a su alrededor habían desaparecido. Se preguntó y le preguntó si el cuestionamiento de la Iglesia no hubiera provocado más muertes entre los religiosos, pero no hubiera evitado también miles de otras muertes. Bajo el peso de sus agobiados 56 años, el anfitrión bajó la cabeza y optó por el silencio. Fue la última vez que se vieron.

Dos años después, el lunes 2 de junio de 1986, Buenos Aires se paralizó. A las 15 horas, tres canales de televisión transmitían en directo desde Estadio Olimpo 68 el debut de Argentina frente a Corea del Sur en el Mundial de Méjico '86. Frente al televisor, el vicealmirante Rubén Jacinto Chamorro se sumergía en el partido con la misma pasión con que con otros oficiales de la ESMA había seguido el desarrollo del Mundial '78, mientras los gritos ante cada gol argentino se fundían con los de los prisioneros sometidos a tortura en los cuartos del piso inferior.

A los 18 minutos del primer tiempo, el delantero coreano convierte el tanto que mancilla nuestra gloria nacional. La decidida ofensiva amarilla jaquea nuestras defensas. El vicealmirante desespera ante el repliegue de las fuerzas argentinas, el invasor coreano avanza por el campo de batalla, el vicealmirante gesticula, transpira, encabeza en su imaginación la gloriosa contraofensiva de la escuadra nacional. Excitado, apenas percibe las gotas de transpiración, el sudor frío, el dolor intenso, opresivo, que va extendiéndose desde el centro del pecho hacia el brazo izquierdo. El vicealmirante muere en el Hospital Naval, víctima de una antigua dolencia cardíaca. Argentina se impone a Corea del Sur 3 a 1.

Al día siguiente, en el panteón naval del cementerio de la Chacarita, un grupo de altos oficiales, entre los que se encuentra el almirante Isaac Rojas, despide sus restos: "Su franqueza en el trato, su tenacidad, fueron rasgos por los cuales se lo recuerda y, ciertamente lo recordaremos. Vicealmirante Chamorro, descanse en la paz que la vida no le pudo brindar".

La canción de Débora

Los grandes ojos de Débora se dilataron aún más ante la presencia de esa amiga de su madre. Casi en puntas de pie, se acercó a la mujer cuyo color de piel nunca había visto. Tomando valor, llevó su mano hasta tocar la pierna de la invitada, y aclaró sorprendida: "Creí que era una media negra".

La curiosidad y el desafío son características que Débora Benchoam conserva desde pequeña.

Débora y su hermano mayor Rubén se acostumbraron desde chicos a ver pasar por el *living* de su casa a diferentes hombres y mujeres, que con su babel de acentos encontraban refugio en la casa de mamá Matilde, la mujer que desde siempre había sido una ferviente admiradora de Gandhi y Luther King, la que siendo una niña preparaba, junto a la abuela Victoria, los envíos que ayudaran a mitigar los sufrimientos de los sobrevivientes del Holocausto. Desde un principio, los hijos de Matilde se familiarizaron con las historias de injusticias que formaban parte de la vida cotidiana en el departamento de Flores, que formaban parte del mundo de Matilde, esa madre que no se parecía en nada a las otras madres de sus compañeros del *Schule*, el colegio judío al que ambos concurrían. No todos podían decir que su madre era una mujer valiente y solidaria, docente de Bellas Artes, especializada en la enseñanza de discapacitados, que se rebelaba ante el abuso de poder que sufrían sus alumnos, que ofrecía su casa a los exiliados uruguayos, chilenos, brasileños que llegaban a ella a través de la universidad en donde trabajaba. La muerte de Matilde como consecuencia de un cáncer fue

215

para ellos el ingreso a otro mundo, el de su padre, quien había formado otra familia después de la separación.

Con sólo un año de diferencia entre ellos, Débora y Rubén se sintieron más unidos que nunca, siguieron compartiendo las poesías que él escribía, los cuentos de autores rusos, "El secreto de la estrella Gamma", un cuento escrito por Rubén a los diez años, las trasnochadas junto a la radio, las canciones de rock nacional, la barra de amigos de Rubén. Bonita, rebelde e inteligente, Débora fue bien aceptada entre los compañeros del Carlos Pellegrini, el tradicional colegio en el que su hermano cursaba la educación secundaria. Hermanados por la sensibilidad y la rebeldía adolescente comenzaron a militar en la U.E.S., la Unión de Estudiantes Secundarios, un lugar donde podían canalizar sus inquietudes sociales a través del trabajo en las villas, preparando representaciones con títeres, repartiendo libros y juguetes. En forma natural, el grupo entró en contacto con Montoneros. Rubén fue quien más se comprometió, llegando a ser oficial con solamente diecisiete años y a convertirse en el responsable de su grupo de amigos, que comenzaron el activismo en sus colegios, mediante pintadas, la discusión de documentos de la "Orga", la colocación de cajas lanza panfletos... Un ingenuo entrenamiento, que incluía el formar fila y que provocaba la risa de Débora ante la formalidad del resto de sus compañeros, entre los que se incluía su novio Mauricio Weinstein, el "Ruso". En los últimos tiempos en que estuvieron juntos, ellos dos comenzaron a percibir cierta utilización perversa, por parte de los enlaces montoneros, de los sentimientos que unían al grupo de la U.E.S. Pero nadie decidía "abrirse", eso hubiera sido borrarse, traicionar a sus amigos.

Ya en la clandestinidad, Rubén fue al encuentro de Débora; en Mar del Plata compartieron el último verano que pasarían juntos. Angustiado, le confió a su hermana menor sus dudas con respecto a la Organización y sus dirigentes.

- Me siento entre la espada y la pared.

Ella le habló del peligro que todos corrían en esos momentos, de su preocupación por él, le pidió que se cuidara, sentía que estaba solo, sin amparo.

El tono de tristeza de Rubén se hizo más evidente cuando le dijo:"Si me pasa algo, no importa, si por mí nadie se va a preocupar".

La noche del 24 de julio de 1977 Rubén llegó a la casa de su padre. Hacía meses que la clandestinidad y el peligro que podían correr sus familiares lo había alejado del hogar. Agotado se durmió en el cuarto de su hermana.

A las tres de la mañana del día 25, un grupo de hombres jóvenes entraron violentamente al departamento ubicado en el tercer piso, las caras cubiertas con pasamontañas. Momentos antes, habían colocado la bomba que volaría la entrada del edificio. Con una decisión que revelaba un conocimiento previo de la distribución de las habitaciones, se dirigieron al cuarto de Débora. Los hermanos comenzaban a incorporarse cuando un disparo hirió a Rubén en el pecho, Débora y él se despidieron con una última mirada, uno de los hombres la obligó a girar la cabeza, entonces escuchó un segundo disparo. Con su camisón y encapuchada, la llevaron hasta uno de los autos, ella en el asiento de atrás, Rubén agonizando en el baúl. Después de varias vueltas entraron en un garaje, la música que se escuchaba era estridente. Rubén fue descendido, el auto volvió a arrancar.

Débora fue trasladada hasta la comisaría 50, en la calle Avellaneda, en el barrio de Flores. Una voz masculina le informó:

- Vos estás acá por judía y subversiva.

Durante diez días, en los que no le fue ahorrado ninguno de los horrores de la prisión, permaneció en la comisaría. Allí supo de manera brutal que el cadáver de Rubén había sido entregado a su padre al día siguiente del secuestro. Torturado, la muerte había sobrevenido como consecuencia de un derrame interno. A manera de disculpa, Moisés Benchoam fue informado de que su hijo no había sido un subversivo, sino un ideólogo, que todo se trataba de un error de la "guerra sucia".

A principios de agosto, Débora quedó a disposición del P. E. N. (Poder Ejecutivo Nacional). Con dieciséis años cumplidos el 7 de julio, fue recluida en el pabellón de presas políticas de Devoto, convertida en la prisionera más joven bajo consejo de guerra, sin que hubiera contra ella ninguna causa. El solo hecho de ser testigo del asesinato de su hermano había decidido su suerte.

Mientras tanto, afuera, la caza de los alumnos del Carlos Pellegrini proseguía. En abril de 1978, otros compañeros de su hermano desaparecieron, entre ellos Mauricio, el novio de Débora. Meses antes, sus padres lo habían llevado hasta la frontera con Brasil. Escapar a otro país se había convertido en la única posibilidad de salvación, pero el "Ruso" eligió, no podía irse y dejar a Débora en prisión. Tras meses de detención y tortura en el campo de concentración "El Vesubio", Mauricio Weinstein fue ejecutado.

Débora mantenía intacta su rebeldía, frecuentemente pasaba a ocupar un "chancho", el nombre que las otras noventa y cinco presas políticas le daban a las celdas de castigo. Sus delitos consistían en mirar el cielo desde una ventana ubicada cerca del techo de la celda que compartía junto a otras tres presas, cantar canciones de Spinetta, o tangos que le enseñaban presas mayores que ella. Los castigos eran duros y prolongados, pero Débora necesitaba cantar para expresarse, para escapar a la alienación, para triunfar sobre sus opresores, como siglos atrás lo había hecho la Débora del Antiguo Testamento, la profetisa que con su canto había guiado al pueblo de Israel a la victoria, la que le había dado el nombre que eligieron sus padres, la heroína que para los judíos simbolizaba la fuerza de la mujer. Después de un tiempo el pragmatismo se impuso: los ensayos de "La misa criolla" a cargo del coro del penal fueron la solución que encontró para seguir cantando sin ser castigada.

Una vez a la semana prosiguió recibiendo la visita de su padre, sus abuelos y algunos militares del Comité de Asuntos Disciplinarios, acompañados por "san Fachón", el nombre que las prisioneras le daban al capellán de Devoto después de que él mismo les informara que "primero soy penitenciario y después sacerdote". Intentaron que Débora firmara una declaración en la que acusaba de guerrillero a su hermano muerto y afirmaba que ella misma era subversiva. La presión de los presentes no la hizo cambiar su decisión; no acusaría a su hermano y no admitiría la falsedad de un documento que serviría eventualmente para la apertura de una causa en su contra. Débora se encontraba allí sin que hubiera contra ella cargo alguno. Tiempo después, otro documento en el que "declaraba" no ser subversiva (una encubierta forma de decir que las demás mujeres del pabellón sí lo eran), y por lo tanto no merecer la confinación en ese sector, volvió también sin su firma.

En 1980, por intermedio de los padres de Mauricio Weinstein, el periodista Jacobo Timmerman y el rabino Marshall Meyer tomaron conocimiento de la situación. Desde ese momento, las visitas del rabino norteamericano fueron constantes y alentadoras. Trayendo *matzá*, el pan ázimo que recuerda el éxodo del pueblo judío a través del desierto, o sacando de prisión las cartas de Débora que denunciaban las terribles condiciones en que vivían las presas del penal de Devoto. Los papeles con las tachaduras típicas de la censura carcelaria llegaron a través de Meyer a manos de William Lehman, congresista norteamericano por el estado de Miami. Lehman, quien había perdido a su hija Débora el año anterior a consecuencia de un cáncer, tomó el caso de la joven argentina ante el Comité de Asuntos Extranjeros del Congreso de los Estados Unidos. La presión ejercida por Lehman y el Comité ante el Presidente Galtieri determinó que en noviembre de 1981 Débora fuera liberada, no sin antes recibir la advertencia, por parte de dos militares, de que debía mantener la boca cerrada en el exterior acerca de cuanto había vivido.

Tras llegar a Miami, en donde la esperaban Lehman y varios periodistas, viajó hasta Washington para brindar su testimonio sobre las violaciones de los derechos humanos por parte del gobierno militar de Argentina. Un mes después de su llegada, en una iglesia de Georgestown, adonde había concurrido para asistir a la boda de una pareja de exiliados argentinos, Débora conoció a George Rogers, un joven nacido en Ohio, que había dejado atrás su ilusión de entrar al monasterio trapense de Kentucky para trabajar en W.O.L.A (Washington Office en Latin America), una organización de derechos humanos que presionaba en esos momentos al senado norteamericano para que el gobierno del republicano Ronald Reagan retirara su apoyo a las dictaduras militares en América Latina. Juntos, George y Débora visitaron a los congresistas en una maratónica serie de entrevistas. Pocos años después volvieron a encontrarse en otra ceremonia nupcial: la de ellos. El tiempo transcurrió entre el trabajo en W.O.L.A y el estudio de derecho de George y la labor como ascensorista en el Capitolio y la licenciatura en ciencias políticas de ella.

Una tarde de 1987, la señora Rogers recibió la visita de agentes del gobierno norteamericano que le informaron sobre la detención en San Francisco del general argentino Carlos Suárez Mason, cuya captura había sido solicitada por Interpol tras su fuga en 1984, en un intento por eludir a la justicia de su país que lo buscaba para que respondiera a los cargos de secuestro, tortura y asesinato llevados a cabo en la zona bajo su mando en los primeros años del gobierno militar. El caso Benchoam, como se denominó al juicio civil que Débora y otras familias víctimas del terrorismo de Estado iniciaron y ganaron en Estados Unidos, fue el preludio de la extradición concedida por el juez de San Francisco, Lowell Jensen, el 23 de abril de 1988. Tres semanas más tarde, el otrora comandante del I Cuerpo de Ejército llegaba a Ezeiza para ser juzgado por treinta y nueve cargos de homicidio y por el delito de falsificación de documento público.

El militar que en 1984, ante el inminente juicio a las juntas y a sus colaboradores declaró: "Yo no quiero ser el pato de la boda", se salvó de ser siquiera desplumado gracias al indulto otorgado por el presidente Menem en 1989. Desde entonces permanece en libertad.

Débora, junto a George y sus hijas sigue cantando.

El capitán

El hombre que el 30 de octubre de 1984 declaraba frente al juez Néstor Blondi no haber estado en el país el 4 de julio de 1976 y no conocer a la detenida-desaparecida Graciela Daleo, el que negó la existencia de un campo de concentración clandestino instalado en la Escuela de Mecánica de la Armada, es el mismo hombre que admitió el 19 de octubre de 1994 su pertenencia a un grupo de tareas de la E.S.M.A, el interrogatorio bajo torturas, la existencia del campo clandestino. Negó en cambio su participación en el asesinato de los palotinos. Considerando su mala memoria en 1984 y su admisión de 1994, es posible que dentro de otros diez años recuerde y admita lo que hasta ahora niega.

El capitán Antonio Pernías (Alias Trueno, Rata), el que fuera condenado el 27 de febrero de 1987 "por imposición de tormentos con el propósito de obtener información", ha sido acusado por abrumadores testimonios de ser el torturador de las monjas francesas Alice Domon y Leonie Duquet, y permanece en libertad en virtud de la Ley de Obediencia Debida declarada durante el gobierno del Presidente Raúl Alfonsín.

El 19 de octubre de 1994, frente a la Comisión de Acuerdos del Senado que trataba por segunda vez su ascenso a Capitán de Navío (la primera fue en diciembre de 1993) el capitán Antonio Pernías fue interrogado por el senador Juan Carlos Romero.

- ¿Por qué se acogió a la ley de Obediencia Debida si tuvo la posibilidad de probar su inocencia ante la justicia?

- La verdad, no sé.

Magdalena, Rut la moabita y la mujer de Lot.

Magdalena Ruiz Guiñazú ha ofrecido a lo largo de su carrera sobradas muestras de valor y honestidad. En su programa de radio entrevistaba al ministro de Defensa Oscar Camilión. Al preguntarle como podía enviarse al Senado el pedido de ascenso de Pernías teniendo en cuenta los antecedentes del marino, se registró el siguiente diálogo:

- Bueno, yo no tengo por qué estar al tanto de los antecedentes de todos los oficiales que van a ser ascendidos.

Con total ironía la periodista remató:

- Tiene razón, usted es sólo el ministro de Defensa. Le voy a enviar un ejemplar del *Nunca más*, para que esté mejor informado. Gracias ministro.

Al tomar estado público este pedido de ascenso, por el citado reportaje y por la difusión realizada por la prensa escrita, en diciembre de 1993 el presidente Menem declaró: "...en ningún momento el gobierno está propiciando ascensos de esta magnitud. No hay ninguna posibilidad de esos ascensos a que hacen referencia, ni mucho menos". Al hacer estas declaraciones, su Excelencia había firmado ya los pliegos solicitando los ascensos. Cuando esta noticia llegó a la opinión pública, rodó la cabeza del viceministro de Defensa Vicente Masot.

El 24 de octubre de 1994, Menem fue nuevamente consultado por la segunda posibilidad de ascenso. En ese entonces expresó a los medios de información reunidos en la sala de periodistas de la Casa de Gobierno: "...Miremos adelante y no volvamos la vista atrás, caso contrario nos va a ocurrir lo de Rut, esta mujer del relato bíblico que, de tanto mirar para atrás, quedó convertida en una estatua".

El señor presidente, en uno de los *lapsus linguae* en los que acostumbra incurrir, confundió a la mujer de Lot, convertida en estatua de sal por desobedecer las órdenes divinas y mirar hacia atrás (una sola vez, y no "de tanto mirar para atrás"), con Rut, la moabita cuya vida se relata en la Biblia en el libro que lleva su nombre.

Al haberse negado el ascenso, en gran parte debido a la presión ejercida por la prensa y las organizaciones de derechos humanos, el capitán Antonio Pernías pasó a retiro.

CUARTA PARTE

El puente

Pero pronto moriremos y los recuerdos de esos cinco habrán abandonado la tierra, y nosotros mismos seremos amados por un tiempo y olvidados. Pero ese amor habrá sido suficiente, todos esos impulsos de amor vuelven al amor que los creó. El amor ni siquiera necesita del recuerdo.

Hay una tierra de los vivos y una tierra de los muertos, y el puente que las une es el amor, lo único que sobrevive, lo único que tiene sentido.

Thornton Wilder,
El Puente de San Luis Rey.

Capítulo XVII

Testimonios

Texto de la homilía pronunciada por el P. Rodolfo Capalozza S.A.C.[24] en ocasión de recordarse un nuevo aniversario del asesinato.

"...Queridos hermanos, años atrás presenciamos el crimen más horrendo en toda la historia de la Iglesia en la Argentina. El asesinato de nuestros cinco hermanos, y en medio del dolor, de la perplejidad, no podíamos creer lo que habíamos escuchado.

Hoy nos reunimos para hacer memoria, hacer memoria para darle gracias a Dios por estos cinco hermanos nuestros, por su muerte y por su vida. Porque ciertamente para cada uno de nosotros, estos cinco hermanos significaron en algún momento de nuestras vidas, una presencia muy importante. Significaron el camino por el cual Dios llegó a nosotros.

Queremos darle gracias a Dios por Alfredo Leaden, que nos transmitía esta paz que solo Dios puede dar y de la cual él estaba lleno y transmitía a los demás con su presencia, que era presencia de comunión, de encuentro que limaba asperezas, que instaba al diálogo, que despertaba confianza. Por ese hombre que en su mirada, en sus gestos significó para nosotros la presencia de la misericordia y del amor de Dios.

Queremos darle gracias a Dios por Pedro Dufau, por su ejemplo de trabajo silencioso y perseverante, por su estar presente, por toda su vida entregada a la causa de Dios, a servir al Señor, por su largo ministerio, por su fidelidad hacia él.

[24] Sociedad del Apostolado Católico.

Queremos darle gracias a Dios por Alfie Kelly, porque muchos de nosotros fuimos orientados en nuestra vida a la luz a través de Alfie; queremos darle gracias por su vida de acción. No se me borra de la memoria el viernes anterior a la masacre, donde Alfie pasó largo rato en el oratorio, como era su costumbre pasar largos momentos con el Señor. Y de ese encuentro con el Señor y con su palabra, Alfie podía transmitirnos a nosotros esa palabra, y a través de esa palabra de Dios iluminar nuestro camino y ayudarnos a discernir su voluntad.

Queremos darle gracias a Dios por Salvador Barbeito, por todo el amor a los jóvenes que él nos transmitió, por su querer ser fiel a la voluntad de Dios, buscar la voluntad de Dios, por su opción de vida comunitaria, por gastar su vida para hacernos descubrir el camino del amor y de la solidaridad. Por su sed de ser sacerdote para servir al pueblo de Dios y para servir al Señor a quien amaba de manera entrañable.

Queremos dar gracias a Dios por Emilio Barletti, por su juventud y por su idealismo, por querer servir a los más necesitados, por su sed de justicia, por su saber compartir todo lo que tenía, por soñar y ayudarnos a soñar un mundo nuevo.

Pero además de hacer memoria de cada uno de ellos y recordarlos, y darle gracias a Dios, queremos que la vida de ellos y la entrega de ellos sea para nosotros una vida y una entrega testimonial.

Uno de nuestros rectores generales, el padre Ludwig Mündz, escribió en una carta a propósito del martirio del cuatro de julio: Son verdaderamente mártires, porque mártires son aquellos que mueren proclamando el nombre de Jesucristo, pero mártir es también aquel que en su forma de vida, en sus opciones de vida, quiere ser fiel al Señor, y en su forma de vida, en su palabra, en sus gestos cuestiona formas de vida no humanas y no cristianas.

Nuestros cinco hermanos son mártires porque fueron testigos de la fe, son mártires porque ellos sabían que ser fiel a Cristo y ser fiel a su palabra en ese momento tan trágico de la historia argentina significaba arriesgar la vida. Son mártires porque no se conformaron con el mero cumplimiento de su deber, con el mero cumplimiento de los preceptos. Son mártires porque intentaron descubrir cuál era la voluntad de Dios en ese momento histórico concreto. Quisieron ser fieles al Señor en ese momento de una Iglesia posconciliar, en un momento en que la Iglesia despertaba a un diálogo nuevo con el mundo, en ese momento en que la Iglesia deseaba retomar su ser pueblo de Dios, su vida en comunión...".

P. Cornelio Ryan. Delegado provincial de los palotinos irlandeses a partir de diciembre de 1976.

Desde el momento en que asumí como delegado de la provincia irlandesa en Argentina quise saber qué había ocurrido, la muerte no entró como un ladrón en la noche, sé que ellos esperaban algo...

El general Reynaldo Bignone era conocido nuestro de la parroquia palotina en Castelar. En el año 1977 tuve una entrevista con él. Me recibió en su despacho dejando el arma enfundada sobre el escritorio, le pregunté sobre los agentes de la muerte que habían entrado a San Patricio. "Padre Ryan -me dijo- No sé nada. Pero aún cuando lo supiera tampoco lo contaría jamás." Aún recuerdo sus corteses maneras, su amplia sonrisa. Me dijo después que debía recomendar al P.Antonio Stakelum que cambiara el tono de sus homilías. Los sermones de él eran de fuego, desde el altar de Castelar hablaba de los apremios ilegales, de las desapariciones.

Muchas veces visité la Casa Rosada para ver al coronel David Ruiz Palacios, fue muy gentil conmigo pero sólo conseguí abundantes libaciones de café. Siempre insistí ante él en encontrarme con el ministro del Interior General Harguindeguy, de quien Ruiz Palacios era secretario. Pero el ministro ponía como excusa para no recibirme que yo vivía muy lejos, en aquel momento estaba residiendo en el Colegio Fahy de Moreno. Le informé al coronel que podía tranquilizar a su jefe pues yo poseía un muy buen reloj despertador, pero la entrevista nunca se llevó a cabo. Es evidente que en el general, yo despertaba sus sentimientos paternales.

Al poco tiempo, desde Roma el superior general de la congregación Ludwig Mündz me pidió que no me arriesgara a ver a los militares, que mi proceder era imprudente. Por obediencia debí retirarme. Ya con la democracia intenté encontrarme dos veces con quien era sindicado por los testimonios de sobrevivientes de la Escuela de Mecánica de la Armada, como responsable del operativo de San Patricio. Pero el capitán Pernías tampoco me recibió, fui a visitarlo con una tarjeta de pésame porque me habían dicho que su esposa acababa de fallecer, cuando llegamos con el padre Eugene Lynch al edificio Libertad un oficial tomó mi tarjeta donde constaba mi nombre y cargo y subió a comunicarle al capitán Pernías mi presencia, poco después este hombre regresó y nos dijo que el capitán se había hecho a la mar. Por dos veces más busqué verlo, sólo quería preguntarle si era él el responsable del crimen y mirar sus ojos cuando me contestara. Siempre pensé que alguno de los asesinos finalmente hablaría, "las conciencias infectas confiarán sus secretos a las sordas almohadas", dice Shakespeare en *Macbeth*.

Acompañé a Graciela Daleo en su testimonio ante el juez Blondi, inicié una investigación para saber quiénes firmaron la famosa carta para separar al padre Kelly de San Patricio, pero todo fue en vano. Sólo encontré un muro de silencio. He invitado insistentemente al comisario Fensore a tomar el té conmigo en la casa parroquial, pero rehusó diciendo que le hacía mal hablar del pasado. Las aguas del Leteo uno de los cuatro ríos del infierno, el río del olvido según los antiguos griegos, fueron bebidas por muchas de las personas relacionadas con este crimen. En medio de la angustia, la soledad, el miedo, la indiferencia por la que pasamos a través de estos años, ha sido conmovedora la figura del P. Kevin O'Neill, él ha sido la gran roca en la que encontré el apoyo, la fuerza para la lucha. La guía en los momentos de duda.

Aquí en Mercedes, muchas veces frente a sus tumbas oro por ellos, a ellos, por nuestra antigua amistad.

Padre Raymond Dalton

En el momento del crimen tenía 16 años, había estado en contacto con los palotinos por haber visitado el seminario varias veces. En julio de 1976 esperaba ingresar al seminario de Thurles cuando la noticia llegó a Irlanda. Como adolescente, sentí que ellos habían dado un testimonio y reafirmé mi idea de que valía la pena ser palotino.

Las primeras noticias sobre lo que pasaba en Argentina las recibimos de Bob Kilmeate, que pasó un tiempo con nosotros. El padre Kevin

O'Neill llegó al seminario tres años después, aún recuerdo el dolor que transmitía en su voz cuando nos decía que en su país nadie estaba haciendo nada y nos mostraba fotos de los cinco. Para él era importante que los seminaristas conociéramos la historia, allí no había nada que nos recordara lo ocurrido en San Patricio. Cuando vine a Belgrano en 1992 y supe más detalles, entendí un poco mejor al padre O'Neill y pensé que tenía que hacer algo yo también, encontré la alfombra sobre la que fueron asesinados, la acondicionamos y hoy se exhibe en una de las paredes del oratorio. Como un testigo mudo pero que grita. Los que la ven se quedan en silencio, las ideas, las preguntas son elaboradas en este silencio.

A veces en la noche, si estoy solo en la casa y paso frente a la sala de estar donde los mataron, me siento sobrecogido como un niño, alguna vez para vencer esta sensación me he quedado solo en la habitación viendo las huellas de las balas y es extraño pero la sensación desaparece, el aire es más pesado allí, pero no es un lugar que transmita miedo, sí tristeza, sí presencia, que es para mí una inspiración. Pienso en la ironía que representa el que los hayan asesinado en el *living* (en inglés viviendo), ellos fueron muertos por cómo vivían su vida. No hemos hecho de ese lugar un santuario, para nosotros sigue siendo el *living*, no los endiosamos, ellos, creo, no lo hubieran querido; el mejor homenaje es la vida que sigue teniendo la casa.

Quiera Dios que nuestro testimonio sobre los cinco, romper el silencio, sea una llave que ayude a liberar la memoria del país acerca de lo que ha pasado en Argentina.

Sigo sintiéndome orgulloso de pertenecer a la misma comunidad que ellos.

P. John Mannion, quien se hizo cargo de la parroquia luego del asesinato de los Cinco.

Capítulo XVIII

¿Epílogo?

Pasión Sudamericana

La Alfombra Roja I

Normalmente se usa para recibir
famosos políticos, altos funcionarios,
jefes de gobierno o al Papa.
Limpia está extendida
sobre la pista del aeropuerto.
El huésped camina sobre ella
quizás quedan suaves huellas,
pero al barrerla desaparecen.
Después se arrolla la alfombra
y se guarda hasta la próxima visita.

La Alfombra Roja II

Está en la habitación de una casa en Buenos Aires,
en la casa parroquial de los palotinos.
Nadie la arrollará jamás,
y las huellas que tiene
no se dejan barrer.

Sobre esta alfombra murieron
cinco hombres: tres sacerdotes
y dos seminaristas.
Fusilados, los rostros pegados contra la alfombra
y los cuerpos retorcidos por el dolor.

Las balas que mataron a estos hombres
destrozaron también la alfombra,
y la sangre de las víctimas
la coloreó de rojo para siempre.

Nadie sabe por qué.
Nadie quiere saber por quiénes.
El jefe de Policía estaba consternado,
los militares negaron su responsabilidad.
El cardenal de la ciudad calló.
Y miles de personas desfilaron junto
a los féretros abiertos diciendo:
"Rogad por nosotros".

P.Heinz Perne, S.A.C.
Traducción P. Bernard Godbarsen, S.A.C.

El padre palotino Heinz Perne visitó Argentina en 1982, invitado por las Comunidades Alemanas Católicas. Su director, el P. Paul Denninger S.A.C., llevó a Perne a San Patricio, frente a la alfombra roja le contó la historia de lo ocurrido el 4 de julio de 1976. Conmovido por el relato, de vuelta en su casa de Limburgo -Alemania-, escribió *La Alfombra Roja, Una Pasión Sudamericana*.

El padre John

El mismo día de su designación como párroco, el corpulento padre Mannion le pidió a Rolando Savino que lo acompañara hasta la habitación que sirve de secretaría de la parroquia de San Patricio. Tras cerrar la puerta y ya frente a frente, pidió con su fuerte acento irlandés:

- Decime todo lo que sepas sobre ellos, quiero que todo siga igual. Necesito saber cómo se dirigían a la gente y para eso necesito tu ayuda.

La humildad de ese gesto también se vislumbra en sus declaraciones a Eduardo Gabriel Kimel, autor de *La masacre de San Patricio*.

"Tomé oficialmente la parroquia de San Patricio el 7 de julio, un miércoles. En la parroquia disminuyó la cantidad de gente. Muchos estaban preocupados por la suerte de los padres y por su propia vida. Me pedían que tuviera cuidado con lo que predicaba. Mi posición era difícil. Mucha gente veía en el padre Kelly a un mesías, a un hombre que encarnaba la palabra de Dios en quien lo estaba escuchando.

Alguien alguna vez dijo que yo no era ni siquiera digno de atarle los cordones a Leaden. Yo estaba totalmente de acuerdo. Con el tiempo la gente fue aceptando a los curas nuevos. Pero reemplazar a los tres asesinados era muy difícil, imposible. Lo importante era no efectuar ningún cambio en la dirección pastoral de la parroquia. Si lo hubiera hecho, el significado que captaría la gente era obvio: la orientación anterior era equivocada".

Mannion se abocó con absoluta entrega a su tarea de párroco, su saber escuchar sin importar la hora, cuando la sala solía estar iluminada avanzada la madrugada, sin reparar en los cuidados que su frágil salud requería, es algo que todos recuerdan.

Los años pasaron rápidamente para él entre su carrera de psicología y su trabajo junto al padre Bob Kilmeate que, ordenado en 1977, fue designado para secundar al párroco de San Patricio. Fue también en ese año, durante la misa por el primer aniversario cuando el padre Mannion sentenció "La primera arma que se disparó contra nuestros mártires fue la lengua de esta comunidad parroquial".

Después de su traslado a Mercedes en la década del ochenta, el redentor de San Patricio, como lo ha llamado el padre Cornelio Ryan, falleció en esa ciudad, a los 47 años, el veinticuatro de enero de mil novecientos ochenta y ocho.

En su entierro, como en el caso de los palotinos asesinados, un joven decidió su destino de sacerdote. Hernán Ustáriz, un miembro de la parroquia de Belgrano decidió en el cementerio de Mercedes su ingreso a las filas palotinas.

Kevin

Quien quiera conocer la historia que rodea la vida y la muerte de estos cinco hombres necesitará un guía experto que ayude a sortear los intrincados senderos, a despejar la maleza que conduce al camino correcto. Ese guía recibió hace más de setenta años el nombre de Kevin O'Neill. Sacerdote de la Sociedad del Apostolado Católico S.A.C. desde hace medio siglo, el mejor amigo de los "Alfredos" se ha dedicado obstinadamente a reavivar el recuerdo de sus cinco compañeros asesinados.

Historiador de sagaz visión que aplica a las observaciones de la vida diaria tanto como a la redacción de los artículos sobre religión o política en *Encuentro*, la publicación palotina fundada por él en 1970, o en el centenario *The Southern Cross* (La Cruz del Sur), periódico que desde 1875 edita la comunidad argentina irlandesa y del que O'Neill es director.

Quienes lo conocieron antes del 4 de julio de 1976 coinciden en afirmar que su vida se transformó de manera definitiva. A partir de allí ha sido el guardián de la memoria. Desgarrado, cada vez que evoca sus muertes la expresiva mirada es invadida por el dolor con la misma intensidad con que lo hace la ternura si de sus vidas se trata.

El mismo padre O'Neill confiesa: "Desde aquel momento me sentí completamente solo, definitivamente mi vida se divide en un antes y después del 4 de julio, desde entonces es como si mi escala de valores se hubiera transmutado, todo lo relacionado con el crimen, algo que antes podía parecerme muy importante ya no me lo parece si pienso en la gravedad de lo que ocurrió en esta casa".

Gran parte de su tiempo en San Patricio de Belgrano, adonde se lo designó en 1985, transcurre en el primer piso de la casa parroquial, en la habitación lindera al escenario del crimen, en su estudio teclea en una vieja máquina de escribir los sucesos más relevantes de la historia palotina.

Hasta ese estudio subió un día de 1986 un periodista de origen judío, Eduardo Gabriel Kimel.

La masacre de San Patricio

En ese año de 1986, a raíz del pedido de una editorial acerca de una obra referente a los derechos humanos, Kimel elige como tema central la muerte de los cinco miembros de la comunidad palotina de Belgrano. Entre diciembre de 1986 y marzo de 1987 realizó la investigación de la masacre. En abril de ese año con motivo de la rebelión militar de Semana Santa, la editorial decidió dar marcha atrás con respecto a la aparición del libro, ya que juzgó que la democracia estaba en peligro y existía el riesgo de un nuevo golpe militar.

Dos años transcurrieron hasta que Kimel supo de la existencia de un concurso, convocado por dos editoriales, sobre dos temas: ensayos políticos e investigación periodística. Concursando en este último rubro obtiene el primer premio. Kimel vio finalmente editada su obra en 1989, en el mes de diciembre. *La masacre de San Patricio* fue presentada con la presencia de varios de los más representativos miembros de la lucha por los derechos humanos en Argentina, algo que no era casual, dado que Eduardo Gabriel Kimel tiene en su haber una larga militancia en ese campo.

Kimel, con la distancia que da el paso de los años, recuerda la huella que la investigación dejó en él, y de manera especial su relación con el padre O'Neill: "...ha sido parte de un crecimiento personal, conocer que dentro de la Iglesia existen hombres que tienen un gran compromiso con su creencia, que no estaban dispuestos a olvidar a sus muertos, fue reconocer también que uno no posee la verdad absoluta, aprendí a ser más humilde".

La masacre de San Patricio trajo también otras consecuencias, en diciembre de 1991: Guillermo Rivarola, el primer juez que tuvo a su cargo la investigación judicial, querelló por calumnias a Eduardo Gabriel Kimel.

Casi cuatro años después, en setiembre de 1995, la jueza Angela Braidot del Juzgado Correccional y Criminal número ocho, secretaría sesenta y tres de la Capital Federal, lo encontró culpable de un delito menor que el de la calumnia, condenándolo por el de injurias al pago de U$ 20.000 y a un año de prisión en suspenso. Los medios de información apoyaron al periodista, considerando que la jueza contaba con antecedentes de persecución a la prensa.

Con tristeza, Kimel reflexiona:

- Soy el único condenado por la masacre de San Patricio.

Historia de una cruz

Luis Monserrat tenía catorce años cuando, llevado por uno de sus muchos hermanos se acercó a Vipoal (Vivir por algo), el grupo de acción social fundado primero en Mercedes y luego en Areco por Alfie Kelly.

Luego de la matanza del cuatro de julio de 1976, Luis se alejó del ambiente palotino.

Pasaron catorce años hasta que Luis recibió de sus esposa *La masacre de San Patricio* de Eduardo Gabriel Kimel. Durante meses evitó su lectura. Finalmente se encontró frente a sus páginas, y la conmoción que esta obra le produjo lo llevó al encuentro del padre Kevin O'Neill. Afloraron entonces los reproches que Monserrat había guardado durante años, la actitud de silencio de la Iglesia, opinión que tantos compartían, la acusación a la orden palotina de no haber hecho nada por la comunidad asesinada. El sacerdote escuchó en silencio hasta el final. Después sólo preguntó:

- ¿Y vos..., vos qué hiciste?

La cruz que se levanta en la plaza "Mártires palotinos" se encuentra en la entrada de San Antonio de Areco. Camilo Fagnani, Pascual Giuliano, Roberto Savanti y Luis Monserrat fueron los artífices de su creación. Trámites burocráticos, juntar firmas que en algunos casos les fueron negadas por temor, mediaron entre la pregunta de O'Neill y el cuatro de julio de 1991 en que fue inaugurada la plazoleta.

Monserrat siente que está comenzando a hacer algo.

Jack el jardinero

Algunos chicos de Areco se acercan en silencio para verlo trabajar, los más osados preguntan el porqué de los cinco nombres que rodean la cruz. Jack se incorpora, se siente feliz por tener que contar nuevamente la historia. Luego continúa desterrando la mala hierba que crece alrededor de las cinco plantas, sabe que dependen de él, de sus cuidados. Vuelve a interrumpir el trabajo para responder el saludo que a lo lejos le hace un vecino. Nadie imagina por su apariencia que pasa largamente los setenta, toda una vida dedicada al campo en las grandes estancias de aristocráticas familias irlandesas. Aún recuerda cuando tenía siete años y la patrona llegó a casa de los Russell, ya era tiempo de decidir la educación de los chicos. Frente a Jackie sólo dijo:

- *You're going to the Fahy*[25].

Así comenzó su relación con los palotinos en la granja escuela de Moreno, siguió cuando fue "mayorcito" como para volver a Areco a trabajar en la estancia. Desde entonces, cada domingo llegaba a San Patricio con el rosario entre sus manos, allí se casó, inevitablemente con alguien de su colectividad.

Por eso para él fue natural ser el jardinero que cuidara de la plazoleta.

-... Y sí, les hablo, a las plantas hay que hablarles, cada palmera para mí es uno de ellos, las de adelante los seminaristas, atrás los padres, la del centro es Alfie, claro, a él le cuento mis cosas, como antes.

Una voz que grita al cielo

Finalmente, Carlos Salum supo de qué manera podría hacer algo por la comunidad masacrada en San Patricio.

A voice screaming to Heaven (Una voz que grita al cielo), una obra de teatro escrita en inglés y estrenada en la ciudad de Tampa, Florida, en Estados Unidos, donde Salum se radicó en la década del ochenta, es la respuesta que encontró a la pregunta formulada, siendo un adolescente, durante la misa exequial del cinco de julio de 1976.

[25] -"Vos vas al Fahy".

Atrás quedaron los consejos de la gente que durante ocho años le recomendó olvidarse del caso, su alejamiento de la Iglesia decidido después que un sacerdote de un movimiento tradicionalista lo instara a arrepentirse de su relación con la comunidad palotina, que por su "contacto con el demonio" había tenido un merecido fin.

El honor de Dios

El 30 de marzo de 1492, sus Reales Majestades Católicas Isabel y Fernando ordenaron la expulsión de la comunidad judía que habitaba en España. El 2 de agosto expiró el plazo, y quienes hasta ese momento no habían logrado abandonar a tiempo la amada Sefarad fueron entregados al horror de la Santa Inquisición. El martirio en el fuego o la forzada conversión eran las alternativas. Una familia optó por esta última, cambiaron su nombre hebreo adoptando el vergonzante apellido impuesto junto con la nueva religión. El apellido habría de ser motivo de escarnio, adonde llegaran se los reconocería como cristianos nuevos o marranos, sus vidas estarían en permanente peligro. Por ello, siguiendo el constante errar de su pueblo, salieron a los caminos hasta afincarse en una aldea en la frontera con Portugal, lo suficientemente cerca como para cruzar al reino vecino al menor cambio de humor de los soberanos.

Allí cumplieron rigurosamente con sus deberes de cristianos, allí también, en la intimidad de su hogar judaizaron en secreto sostenidos por su fe y por sus hermanos, otros *anusim* como ellos, término que en hebreo significa "forzados" y con el que otros judíos llamaban piadosamente a estos hermanos en desgracia. Pasaron así más de tres siglos hasta que los Autos de Fe, el eufemístico nombre con que se conocían las hogueras levantadas en las principales plazas con el propósito de avivar la fe de la Santa Iglesia Católica, llegaron a su fin.

Ser un descendiente de esa familia, pertenecer al linaje de las víctimas de la intolerancia, conocer esa historia, me acercó más a esta otra historia de cinco víctimas también ellas de la intolerancia, en otro continente, cinco siglos después.

Cuando el padre Thomas O'Donnell me relató la tragedia, escogió como escenario el oratorio presidido por la alfombra roja. Con poca sutileza y evidente intención, comentó:

238

- Sería bueno contar esta historia, ¿no?

-¿Te parece? La gente ya está harta de hablar de desaparecidos y muertos.

Dos semanas después volvimos a encontrarnos en el *living* de la casa parroquial.

Había aceptado la misión, pero antes debía hacer yo una pregunta al sacerdote.

-¿Para qué?

- Por la verdad.

La verdad, la manipulación de ella, contar una parte de la verdad, la que convenía, una verdad a medias que se transforma en una mentira entera. La tentación de la hagiografía.

-Bueno, está bien, pero te pido que si encuentro algo que los comprometa no empieces a censurar, costumbre tan arraigada entre ustedes los curas.

Meses de investigación me dieron la certeza de la militancia montonera de Emilio, la sospecha de una posible colaboración del resto de la comunidad masacrada.

Volví a encontrarme con el padre Thomas en los típicos restaurantes chinos a los que el sacerdote es adepto.

- Mirá, parece que Emilio estaba metido, pero no te preocupés, no lo vamos a decir.

Mi compañero de mesa tomaba su tiempo para contestar mientras revolvía el café, la mirada posada en el envase de azúcar que acababa de abrir. Su expresión era de serenidad cuando tomó el sobre y leyó en la parte de atrás:

- "La verdad cuesta decirla, pero más cuesta ocultarla".

Un suspiro prologó sus siguientes palabras.

- Si esa es la verdad, tenemos que conocerla.

Transcurrió un año. Setenta sobrevivientes de la Organización Montoneros fueron entrevistados. Ya con la absoluta certeza del compromiso del seminarista y la ignorancia de las otras víctimas, hablé con amigos de los muertos. Un dirigente de derechos humanos resumió el pensamiento general:

- Estás loco si contás lo de Emilio, le vas a dar la razón a los que dicen que en algo andaban, ¿qué importancia tiene lo de la militancia?, tenés que contar la historia a partir de la muerte.

- Es que eso sería otra afrenta a ellos.

Luego fue un grupo minoritario de quienes quieren ver el inicio del proceso canónico por el que se los declare mártires.

- ¿Pero, por qué hay que decir toda la verdad? Si hacés eso se va a la mierda cualquier posibilidad de que la Iglesia acepte la iniciación del proceso.

Pero esa es mi apuesta, que quien recorra estas páginas comprenda que la militancia de Emilio Barletti no redime a los asesinos del horror del crimen.

Que al dar a conocer la verdad no se agregue una nueva afrenta:

- ¿Viste? Te dije, al final en algo andaban.

Si fuera así nada hemos aprendido en todos estos años, y todo podría volver a repetirse.

Más allá de las ideas de Emilio, el destino de la comunidad mártir de Belgrano estaba sellado en el tiempo del odio por la actitud progresista de la parroquia, por la actitud de comprensión hacia los nuevos tiempos del padre Leaden.

Durante años, desde ambos bandos ideológicos se ha dicho alternativamente de ellos "en algo andarían" o, según el bando contrario, "nuestros compañeros caídos".

Nada de esto es real, como tampoco lo ha sido el motivo de los asesinos, la "actividad zurda", "la corrupción de las mentes vírgenes". Sí lo era el compromiso del padre Kelly al saber y no callar, al proteger al débil sin comprometerse con bandería política alguna.

Como Juan el Bautista, como Thomas Becket, Maximiliano Kolbe, el obispo Romero, si no son mártires de la fe, sí lo son de la caridad.

Siendo coherentes con su compromiso de defender el Honor de Dios.

En todo libro que trate sobre los derechos humanos en Argentina, sus autores, con mayor o menor conocimiento, dedican breves líneas o páginas enteras a lo ocurrido en San Patricio la madrugada del 4 de julio de 1976 .

El padre Heinz Perne, Eduardo Gabriel Kimel, Carlos Salum y el autor de este libro no habremos de ser los últimos en interesarnos en esta historia. La vida y la muerte de los cinco espera a otros poetas, dramaturgos, periodistas, músicos y artistas dispuestos a penetrar en el reino del olvido. El tesoro a encontrar en él será fabuloso, la vida de quien emprenda el rescate ya no será la misma.

Conozco a un rabino que acostumbra concluir sus conferencias recurriendo a la clara sabiduría de cuentos y leyendas. Quisiera imitarlo al llegar al final de estas páginas con un cuento zen que resume de manera admirable la intención que tiene *El Honor de Dios*: resaltar la fuerza de las víctimas sobre la de los victimarios.

"Un villano terrible asolaba las aldeas. Una vez arribó a un pueblo donde sus habitantes huyeron abandonándolo todo. Sólo permaneció allí un monje.

Cuando el villano se dio cuenta, se enfureció. Rompiendo las puertas se enfrentó al monje.

- ¿Acaso sabes quién soy? Soy el que puede matarte aquí mismo.

Él monje lo miró con calma y le contestó.

- ¿Acaso sabes quién soy? Soy el que puede permitir que me mates aquí mismo.

Buenos Aires.
Abadía Benedictina del Niño Dios. - Victoria, Entre Ríos.
1996.

Post Scriptum

De la historia central de *El Honor de Dios* surgen preguntas, aclaraciones y también otras historias. Entre las aclaraciones, habría que contar que la transcripción del diario del padre Kelly, de los días 1 de octubre de 1962 y del 1 y 3 de julio de 1976 son fieles al texto original. El resto de los que integran los capítulos nueve y once fueron escritos "a la manera de Alfie", basándome en los papeles, apuntes de sermones y en los fragmentos de sus diarios, escritos entre 1958 y 1976. También en las múltiples entrevistas que me llevaron a reconstruir esta historia, cinco personas a las que no conocí, pero cuyos contornos comenzaron a surgir ante mis ojos en los recuerdos de Kevin O'Neill, la familia Kelly, Rolando Savino, Rodolfo Capalozza, Luis Monserrat, Nacho Avalo, Roberto Frangella, Luis Pinasco. De partidarios y adversarios. Desde las imágenes estáticas de los retratos que nos reciben al entrar a la casa parroquial, los cinco fueron descendiendo y recuperando el movimiento en la evocación del amor y del odio que despertaron, sentimientos ambos que aún permanecen tan vivos, como en el momento de sus muertes.

Gracias a la emoción de los recuerdos. Gracias al padre Ray Dalton por decir: "En cierto sentido vos no estás escribiendo el libro, es él el que te está escribiendo a vos".

Un epílogo no es necesariamente el final de nada. A manera de postdata o a manera de prólogo quiero contar otra historia nacida de la búsqueda realizada para conocer esta historia, que en apariencia acaba de concluir.

En la memoria de un adolescente de trece años, que se informaba con avidez acerca del rescate que el ejército israelí emprendió en Uganda para liberar a los prisioneros del avión de Air - France, ese cuatro de julio de 1976 significaba el recuerdo de aquel hecho. La muerte de "cinco curas asesinados por la guerrilla" era otra cosa, era sólo un hecho más de la vida cotidiana en la Argentina de aquel tiempo.

La llegada de la democracia coincidió con el fin de la adolescencia despreocupada, protectora, con esa información que comenzaba a ver la luz después de siete años de oscuridad. La información lo abrumó. Leyó, se indignó, se sació y como tantos otros, se apartó del horror. Con el tiempo, la historia volvió a parecerle lejana, casi ajena, como si toda su vida hubiera transcurrido en democracia. Una especie de segunda adolescencia protectora volvió a cubrirlo.

Aparecieron entonces los compromisos, los individualismos, las indiferencias de la vida adulta. Tomó el camino principal sin detener la mirada en los senderos divergentes, la ansiedad que el camino principal le despertaba se lo impedía. Pero algunos seres aparecieron en los senderos y lo fueron atrayendo, y eso, como ha dicho Frost, marcó toda la diferencia.

El sendero lo llevó al encuentro de una historia olvidada, de un crimen dormido, y también al encuentro de cuatro miradas, de cuatro señales innegables de que el camino marcaba la diferencia. La historia de esas cuatro miradas es la que quiero contar ahora:

Los invitados a la vigésima edición de la Feria del Libro entraron en tropel con sus tarjetas en mano. Mientras tanto, en los stands, los expositores repetían los tópicos de costumbre; la amenaza del tan temido I.V.A para los libros, la búsqueda de compradores de las más grandes distribuidoras de Latinoamérica, el precio por metro cuadrado de los stands, las corridas de último momento, "el mundo de gente".

- ¿A qué hora habla Menem?... Mirá los granaderos, se están cocinando con este calor... ¿Ese que viene por el pasillo, no es tu tío?

En medio de los saludos noté a su lado la presencia de una mujer menuda y una niña.

- Perdón, no te presenté, ella es Débora, una amiga de los Estados Unidos.

- ¿De visita?

- No para quedarse, es argentina .

Los altoparlantes volvieron a anunciar el inminente mensaje presidencial.

- ¿Vamos a tomar algo?

- Sí, por favor.

Salimos a una de las carpas guiados por el choripanesco aroma que nos llegaba irreverente a través de clásicos y *best sellers*. Nuestro presentador y la pequeña Támara se alejaron en busca de bebidas. Distraído como de costumbre, no había reparado en el avanzado embarazo de Débora.

- ¿Para cuándo?

- En un mes.

- ¿Varón?

- Otra mujer, Iara.

Débora y yo encontramos una mesa disponible a pesar del gentío, no éramos los únicos que se habían batido en retirada ante la pompa y la circunstancia.

- ¿Me dijeron que tenés un programa de radio, con entrevistas?

- Sí, de todo un poco, artistas, políticos, escritores, religiosos, psicólogos, abogados...

- ¿Religiosos?

- Curas, pastores, rabinos. Intenté atraer a un imán, pero sin éxito.

- Menú variado...

- Desde China Zorrilla hablando de "Eva y Victoria", hasta un homenaje a Marshall Meyer.

Acostumbrado a que la primera fuera más popular que el segundo, me interrumpí para aclarar con rapidez.

- Era un rabino, un tipo que salvó a mucha gente en la época de los militares...

Volví a interrumpirme, pero esta vez me detenía la expresión de su rostro.

- ¿Lo conocías?

- Si, soy Débora Benchoam, uno más de los que salvó Marshall.

La primera mirada salía a mi encuentro, en el bello y alegre rostro de esa joven mujer que contaba su historia con una mirada y una sonrisa que no terminaba de perder esa alegre belleza. Concentrando la esencia, el amor victorioso sobre el odio.

Luego, inevitablemente, surgió otra mirada, la del padre Thomas O'Donnell, el hombre que frente a una alfombra roja relataba otra historia terrible, el que con una mirada y una voz cargada de intención, desafiaba al decir: -Sería bueno contar la historia, ¿no?

Esas dos miradas fueron las que me empujaron a estos dos años de tantear la parte más sombría del sendero, al encuentro de otras miradas. Miradas secundarias, oscuras, culpables, sospechosas, temerosas, mezcladas con miradas de aliento, de esperanza, de coraje, de supervivencia, algunas de interés , de desinterés, de apatía..

Y en momentos de mayor desaliento surgieron otras dos miradas.

Una soleada mañana de julio, al entrar a la casa parroquial de San Patricio, junto a cinco retratos se encontraba el padre Kevin O'Neill despidiéndose de un hombre.

- ¡Gabriel!, te voy a presentar. El es Carlos Salum, está escribiendo una obra de teatro sobre "Los cinco", los conoció un poco antes de sus muertes. ¿Ven?, esto no puede ser otra cosa que la divina providencia.

El sentimiento de simpatía fue instantáneo ante la calidez de su mirada, aun cuando entonces no sabía que Carlos sería el amigo que a la distancia, en su hogar de Tampa, en los Estados Unidos, haría llegar su voz de aliento, que sería el compañero de cruzada a través de *La voz que grita al cielo*, una obra que como *El Honor de Dios*, no hubiera podido desarrollarse sin los cuidados de amante nodriza del padre Kevin O'Neill.

Dos de los momentos de mayor emoción de esta búsqueda lo encontraron a Carlos como compañero de aventuras. Sentados en un café frente a la plaza principal de San Antonio de Areco, nos precipitábamos enternecidos y anhelantes sobre las pequeñas libretas de cuero negro que escondían el diario personal de Alfie Kelly. Fue Carlos quien tuvo el privilegio de posar la mirada en el escrito del 1 de octubre de 1962, cuando el padre Kelly conoce su destino de martirio. Todavía veo la luz en sus ojos cuando me extendió el diario.

- ¿Viste esto?

Casi un año después, volvimos a encontrarnos café de por medio, pero esta vez el escenario era la avenida Santa Fe. Entre mis manos, el último diario, el que fue enviado en aquellos tormentosos días a Irlanda, procurando ponerlo a salvo de la destrucción. El diario, una traducción que un sacerdote palotino había llevado a su país volcándolo al inglés para que sus compatriotas y compañeros conocieran algo más de lo ocurrido, nos convocaba nuevamente. Excitados ya ni siquiera luchábamos con el sentimiento de culpa que nos producían las etiquetas: "Diario de Alfie Kelly, no leer".

Carlos proseguía con la traducción: "Deseo que esto sea leído, servirá para que otros descubran también la riqueza del amor de Cristo, lo descubrirán cuando El desee que sea leído. No pertenezco ya a mi mismo porque he descubierto a Quien estoy obligado a pertenecer. Gracias a Dios".

Un lazo más que terrestre volvía a unirnos con Carlos, dolor y felicidad ante lo que podíamos sentir como la aceptación del padre Kelly por la tarea que ambos habíamos emprendido, dar a conocer el mensaje encerrado en esta historia.

Y ahora la última mirada. En otro momento de desaliento, uno de los primeros. La gente que creía saber, la leyenda que convertía a cinco víctimas indefensas en cinco hombres violentos, las conveniencias y los prejuicios. Los de los entrevistados y los míos, menos en la superficie, pero esperando el momento en que yo también dijera: -"Parece que andaban en algo, no sé si vale pena"....

El padre O'Donnell acudió entonces en mi auxilio.- "Me gustaría que conocieras a Dickie Kelly, el hermano de Alfie".

Caminamos por las calles de Mercedes hasta llegar a la casa de Tessie y Dickie. Ambos nos recibieron tímidos y cordiales. La señora Kelly desapareció en su cocina de *pudding's* y *wedding cake's.*

Dickie sonreía con simpatía ante mi interrogatorio, sus ojos reflejaban la curiosidad que el porteño visitante le producía. Súbitamente hice la pregunta que reservaba para el final de las entrevistas, la pregunta que indagaba, pero que también acusaba a las víctimas:

- ¿Por qué pensás que los mataron?

- Ah, por mi hermano.

- No entiendo...

Y en voz baja como tantos otros habían hecho antes:

- ¿Andaba en algo?

Con una expresión de divertida benevolencia, contestó:

- No, no es eso, es que Alfie en cuanto sabía que había una injusticia se metía, siempre fue así, desde chico... Mirá te voy a contar lo que le pasó recién ordenado...

Empezó entonces la narración del encuentro del joven sacerdote que en la parroquia palotina de Mercedes abrió la puerta al adolescente que huía después de cometer un asesinato, la confesión, su posterior entrega, la relación de hermano mayor entre Alfie y el joven. Con alegre melancolía selló su relato:

- Ves, eso pasaba con Alfie. Era así.

Por supuesto hubiera sido "poco profesional' que la visión de un hermano de la víctima influenciara el resultado de la investigación. Centenares de entrevistas me llevaron a la misma conclusión que Dickie Kelly siempre sintió en su interior.

- Volvé cuando quieras.

Y eso he hecho, interrogándolo, compartiendo con él las victorias y las derrotas de la investigación Y en todos esos momentos en que volvimos a encontrarnos, al observar la bonhomía de su rostro, su ingenua sabiduría, la profundidad de su mirada, no he podido dejar de recordar la frase de Saint -Martin: "En ocasiones he conocido seres a través de los cuales Dios me ha amado".

Agradecimientos

La idea original de este libro pertenece al padre palotino Thomas O'Donnell. Sin su constante apoyo y guía a lo largo de los dos años que duró la investigación, esta obra no hubiera sido posible. El padre Kevin O'Neill S.A.C. ha sido la memoria de sus amigos asesinados, sus pensamientos y recuerdos dejaron una profunda huella en estas páginas. Carlos Borro, Patrick Rice, Ernesto Jauretche y Jorge Lewinger contestaron pacientemente las preguntas formuladas en extensas y agotadoras entrevistas. El padre Cornelio Ryan S.A.C., excelente anfitrión y de una magistral ironía (palabra que en los diccionarios sucede al termino "irlandés") ejercitada entre té y té. Hugo Bonafina, Jorge Kelly, los padres Sergio Mario Schaub y Rodolfo Capalozza S.A.C., me introdujeron en sus recuerdos de los seminarios de San Antonio de Areco y Belgrano. Rolando Savino, con desconfianza en un principio y con humor y afecto después, recreó para mí la vida cotidiana de la casa parroquial. El mérito de ser el primero que se interesó en esta historia será para siempre de Eduardo Gabriel Kimel, autor de *La masacre de San Patricio*. El aliento brindado desde el inicio por Nacho Avalo.

En mayor o menor medida colaboraron las siguientes personas: Roberto Frangella, Celia Harper, Jack Russell, monseñor Justo Laguna, Gertie Kelly, Tommy Kelly, Tommy Corrigan, Iván Marino, P. Efraín Sueldo Luque, Miriam Lewin, Carlos García, Anibal Ibarra, los padres palotinos Vivian Ferrán, Peter Davern, John O'Connor, William Hanley, Nicolás Dreilling, Paul Denninger. La hermana Isabel Mac Dermott, David Cox, Fernando Vázquez, Fernando González, Lidia Hanusiak, los padres pasionistas Bernardo Hughes, Fidelis Rush y Federico Richards, Fabiana Krankemann, Roberto Cox, fray Jorge Scampini, Mónica Ottino, Hna. Mary, Lali Gusella, Marita González, monseñor Miguel Esteban Hessayne, hnas. Teresita y Lidia, Claudia Daverio, Graciela Zannini, Germán Val, José Ignacio García Hamilton, Graciela Gass, Vivian Morrow, Electra González, Adriana Di Pietro, Santiago De Marco, Luis Pinasco, Hernán Ustáriz, Patricia Piñeiro, Jorge Borro,

Jorge Freites, Diego Baca Paunero, Norma Vogelmann, Marisa Fraccarolli, Daniel Delgado, Susana Pillarou, Cristina Klein, Marta Rodríguez Santamaría, Patricia Patrón, Graciela Daleo, Nieves Larrañaga, Eduardo y Cristina Segarra, Horacio Méndez Carreras, Silvio Piaccentini, Cesar Seoane, Claude Sirois, Cristina Caiatti, José Luis Chagoyen, Osvaldo Caccia, María Teresa Dobalo, Alejandro Mayol, Juan Carlos Herrero, Liliana Polsoni, Cristina Celia, Elida Barletti, Alicia Pierini, Roberto Perdía, Miguel Bonasso, Gerardo Chokler, Daniel Lowy, Miguel Galante, Pablo Fichera, Zulema Galli, Horacio Cadel, Cristina Martínez, Martin De Gans, Friedhelm Zimpel, Orlando Pfister, Rodrigo Ochoa, Heidrum Drescher, Norma Zanetti, Mariana Molinari, Mache Díaz Lima, el padre trapense José del monasterio Nuestra Señora de los Ángeles, los hermanos benedictinos Guillermo Castillo y Miguel Aramburu, el padre benedictino Paco Robles, el afectuoso y efectivo padre Leo Bordigoni, Waldemar Schettini, Horacio Müller, quien me facilitó sin saberlo una mejor comprensión de la historia, Flora Habegger, Angela y Harald Tommys. Robert Cox tuvo la gentileza de comunicarse desde los Estados Unidos para compartir sus recuerdos de la Argentina de los setenta. Elvio Alberione ayudó al inicialmente desconcertado autor a conocer la verdad, sorteando las manipulaciones que de ella han hecho ambos bandos ideológicos. George Rogers y Débora Benchoam. Luis Monserrat en San Antonio de Areco y Tessie Kelly en Mercedes fueron generosos y eficientes colaboradores. La paciencia y apoyo de Olga Seisdedos. Richard Gillespie escribió *Montoneros, soldados de Perón*, un apasionante y desapasionado libro. A la dedicación de Adriana Lübel en la traducción de este libro al inglés. Mi especial reconocimiento al rabino Mauricio Balter y a fray Juan Pablo Berra. Dickie Kelly, tan cerca de la verdad desde un principio. A Carlos Salum, compañero de ruta, e inagotable fuente de energías. A la comunidad palotina en general.

A quienes por temor prefirieron que sus nombres no figuraran en estas páginas.

Finalmente y especialmente a Andreas Loos, que va por el mundo ayudando a cambiar destinos, y al padre palotino Ray Dalton, quien brindó corazón, oído y su hombro al autor de estas líneas.

A todos los nombrados, nuevamente, GRACIAS.

BIBLIOGRAFIA

Bresci Domingo. *Movimiento de Sacerdotes para el Tercer Mundo.* . Centro Nazaret-CEHILA-CSE, Buenos Aires,1993.

Centro de Estudiantes del Colegio Carlos Pellegrini. *Olvidar es volver al pasado.*1995.

CONADEP. *Nunca más.* Eudeba, Buenos Aires, 1984.

Esquerda Bifet. *El sacerdocio en el posconcilio.* Ediciones Aldacoa, España,1984.

Ferrer Aldo. *La economía argentina.* Fondo de Cultura Económica., México, 1963.

Gillespie Richard. *Montoneros, Soldados de Perón.* Grijalbo, 1984.

Johnson Paul. *Tiempos Modernos.* Javier Vergara, Buenos Aires, 1988.

Kimel Eduardo Gabriel. *La masacre de San Patricio.* Dialectica, Buenos Aires, 1989.

Martín José Pablo. *El movimiento de Sacerdotes para el Tercer Mundo.* Guadalupe, Buenos Aires, 1992.

Mayol Alejandro y otros. *Los católicos posconciliares en la Argentina.* Galerna, Buenos Aires, 1970.

Mugica Carlos. *Peronismo y Cristianismo.* Merlín, Buenos Aires, 1973.

O'Neill Kevin. *Apuntes históricos palotinos.* Ed. Pallotti, 1995.

Roberto Perdía. *Entre Tango feroz y Soberbia Armada.*

Perón Juan Domingo - Cook John William. *Correspondencia.* Granica, Buenos Aires, 1973.

Pontoriero Gustavo. *Sacerdotes para el Tercer Mundo.* Galerna, Buenos Aires, 1973.

Rock David. *La Argentina autoritaria*. Ariel, 1993.

Sacerdotes para el Tercer Mundo. *Nuestra opción por el peronismo*. Buenos Aires, 1971.

Sanguinetti Horacio. *La democracia ficta*. La Bastilla, Buenos Aires, 1985.

Solarz de Osatinsky Sara y otros. *Trasladados*. 1995.

Shumway Nicolas. *La invención de la Argentina*. Emecé, Buenos Aires, 1993.

Zuretti Juan Carlos. *Nueva historia eclesiástica argentina*. Itinerarium, 1972.

Diarios: *Buenos Aires Herald. Clarín . La Gazeta de San Antonio de Areco. La Nación. La Opinión. La Razón. Página 12.*

Revistas: *Gente. La Semana . Siete Días.*

Indice general

Este libro se terminó de imprimir en D'Aversa,
Vicente López 318 (1879), Buenos Aires, República Argentina.